Access 2019 基礎
セミナーテキスト

日経BP

はじめに

本書は、次の方を対象にしています。

■Microsoft Access 2019を初めて使用される方。
■日本語入力の操作ができる方。

テーブルの作成などの基本的な操作から、クエリによるデータの抽出、フォームやレポートの作成と編集まで、Access 2019を使用してデータベースを作成する方法を学習します。本書に沿って学習すると、Access 2019の基本的な操作ができるようになります。

制作環境

本書は以下の環境で制作・検証しました。

■Windows 10 Pro（日本語版）をセットアップした状態。
　※ほかのエディションやバージョンのWindowsでも、Office 2019が動作する環境であれば、ほぼ同じ操作で利用できます。
■Microsoft Office Professional Plus 2019（日本語デスクトップ版）をセットアップし、Microsoftアカウントでサインインした状態。マウスとキーボードを用いる環境（マウスモード）。
■画面の解像度を1280×768ピクセルに設定し、ウィンドウを全画面表示にした状態。
　※上記以外の解像度やウィンドウサイズで使用すると、リボン内のボタンが誌面と異なる形状で表示される場合があります。
■［アカウント］画面で［Officeの背景］を［背景なし］、［Officeテーマ］を［白］に設定した状態。
■プリンターをセットアップした状態。
　※ご使用のコンピューター、プリンター、セットアップなどの状態によって、画面の表示が本書と異なる場合があります。

おことわり

本書発行後（2019年6月）の機能やサービスの変更により、誌面の通りに表示されなかったり操作できなかったりすることがあります。その場合は適宜別の方法で操作してください。

---

(3)

表記

- メニュー、コマンド、ボタン、ダイアログボックスなどで画面に表示される文字は、角かっこ（[ ]）で囲んで表記しています。ボタン名の表記がないボタンは、マウスでポイントすると表示されるポップヒントで表記しています。
- 入力する文字は「」で囲んで表記しています。
- 本書のキー表記は、どの機種にも対応する一般的なキー表記を採用しています。2つのキーの間にプラス記号（＋）がある場合は、それらのキーを同時に押すことを示しています。
- マウス操作の説明には、次の用語を使用しています。

用語	意味
ポイント	マウスポインターを移動し、項目の上にポインターの先端を置くこと
クリック	マウスの左ボタンを1回押して離すこと
右クリック	マウスの右ボタンを1回押して離すこと
ダブルクリック	マウスの左ボタンを2回続けて、すばやく押して離すこと
ドラッグ	マウスの左ボタンを押したまま、マウスを動かすこと

操作手順や知っておいていただきたい事項などには、次のようなマークが付いています。

マーク	内容
操作☞	これから行う操作
Step 1	細かい操作手順
重要	操作を行う際などに知っておく必要がある重要な情報の解説
ヒント	本文で説明していない操作や、知っておいた方がいい補足的な情報の解説
用語	用語の解説

実習用データ

本書で学習する際に使用する実習用データを、以下の方法でダウンロードしてご利用ください。

■ダウンロード方法

①以下のサイトにアクセスします（URLの末尾は、英字1文字と数字5桁です）。
   https://nkbp.jp/P60270
②関連リンクにある［実習用データのダウンロード］をクリックします。
③表示されたページにあるそれぞれのダウンロードのリンクをクリックして、適当なフォルダーにダウンロードします。
④ダウンロードしたzip形式の圧縮ファイルを展開すると［Access2019基礎］フォルダーが作成されます。
⑤［Access2019基礎］フォルダーを［ドキュメント］フォルダーまたは講師から指示されたフォルダーなどに移動します。

ダウンロードしたファイルを開くときの注意事項

インターネット経由でダウンロードしたファイルを開く場合、「注意——インターネットから入手したファイルは、ウイルスに感染している可能性があります。編集する必要がなければ、ほぼビューのままにしておくことをお勧めします。」というメッセージバーが表示されることがあります。その場合は、［編集を有効にする］をクリックして操作を進めてください。
ダウンロードしたzipファイルを右クリックし、ショートカットメニューの［プロパティ］をクリックして、［全般］タブで［ブロックの解除］を行うと、上記のメッセージが表示されなくなります。

実習用データの内容

実習用データには、本書の実習で使用するデータと章ごとの完成例、復習問題や総合問題で使用するデータと完成例が収録されています。前の章の最後で保存したファイルを次の章で引き続き使う場合がありますが、前の章の学習を行わずに次の章の実習を始めるためのファイルも含まれています。

講習の手引きと問題の解答

本書を使った講習を実施される講師の方向けの「講習の手引き」と、復習問題と総合問題の解答をダウンロードすることができます。
ダウンロード方法は、上記の「ダウンロード方法」を参照してください。

目次

第1章 Accessの基本操作　1

データベースとは	2
Accessの特徴	5
Accessの起動	6
既存のデータベースを開く	8
Accessの画面構成	12
Accessを構成するオブジェクト	14
テーブル	16
クエリ	19
フォーム	22
レポート	25
Accessの終了	30

第2章 データベースとテーブルの作成　33

データベースの新規作成	34
テーブルの作成	38
テーブルのデザインビュー	40
フィールド名とデータ型	41
フィールドプロパティ	46
主キー	54
テーブルのデータシートビュー	56
データの入力と保存	57
データシートの書式設定	62
その他のデータの活用	64
データのインポート	65
データのエクスポート	73
フィルター	78
複数テーブル間のリレーションシップの作成	85

第3章 クエリの作成　95

クエリとは	96
クエリの作成方法	98

(6)

データの並べ替え	104
データの抽出	107
単一条件	108
複合条件	111
部分一致条件	115
Between〜And〜演算子	117
パラメータークエリ	122
複数のテーブルからのクエリの作成	127

第4章 フォームの作成と編集　137

フォームの作成	138
フォームツール	139
フォームウィザード	143
フォームの編集	146
フィールドの追加	147
コントロールの配置とサイズ変更	149
プロパティ	154
［フォームヘッダー］セクションの編集	158
フォームによるデータの入力	159
コントロールの種類の変更	163
コントロールの入力順の変更	170

第5章 レポートの作成と編集　177

レポートの作成	178
レポートツール	179
レポートウィザード	181
レポートの編集	186
宛名ラベルの作成	195

総合問題	205
索引	221

(7)

第1章

Accessの基本操作

- ■ データベースとは
- ■ Accessの特徴
- ■ Accessの起動
- ■ 既存のデータベースを開く
- ■ Accessの画面構成
- ■ Accessを構成するオブジェクト
- ■ Accessの終了

データベースとは

Accessは、リレーショナルデータベース管理システムです。

ここでは、データベースの概要とその作成手順、リレーショナルデータベース管理システムについて説明します。

■ **データベースの概要**
「データベース」とは、特定の目的やテーマに沿って集められたデータのことです。たとえば、住所録や家計簿、売上台帳などもデータベースで、必要な情報がすぐに抽出できるように整理されています。データは、後から抽出したり分析したりできるように、重複や矛盾のないものである必要があります。
Accessのようなソフトウェアを利用すると、今まで手作業で行っていたことを効率よく管理し、活用できるようになります。
たとえば、次のように顧客データを入力しやすい画面を作成したり、入力した顧客データから「東京都の顧客」のデータだけを抽出して宛名ラベルを作成するなど目的に合わせて必要なデータを取り出し、加工することができます。

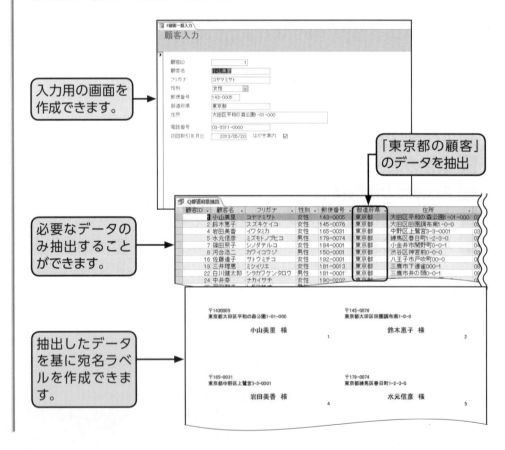

■ リレーショナルデータベース管理システム(RDBMS)

「リレーショナルデータベース管理システム」とは、リレーショナルデータベースを管理するためのソフトウェアで、Accessはリレーショナルデータベースを管理し、入力や分析など効果的に運用できるソフトウェアです。

たとえば、次のように「顧客」のデータを [顧客] テーブルに、「商品」のデータを [商品] テーブルに格納し、この2つのテーブルのデータを [売上] クエリで結合して、売上台帳を作成することができます。このとき、商品の売上金額を計算することもできます。

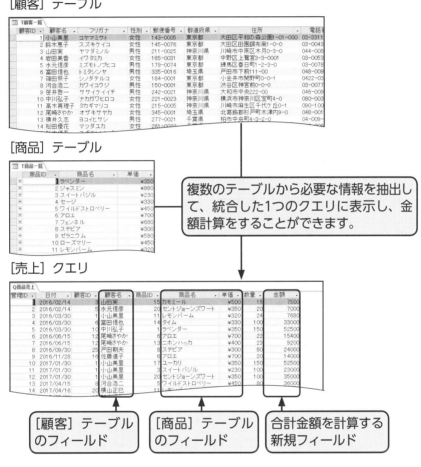

■ データベースの作成

新規にデータベースを作成する一般的な手順は、次のとおりです。

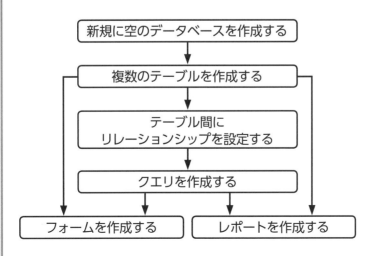

■ データベース設計

データベースを作成する前に、どのようなときにデータベースを使用するのか、まず業務を洗い出します。データベースを使用する際の業務の確認ができたら、どのような順番で処理を行うかを検討しましょう。

たとえば、「顧客管理データベース」を作成する場合、注文を受けたときにその顧客が新規の顧客か登録済みの顧客かを確認する、請求書や納品書を作成するときに顧客の住所や氏名を確認する、案内を発送するときに購入履歴や発送済みかを確認するなどの業務を分け、その流れを確認し、データベース構築後、どのように活用していきたいかを検討しましょう。

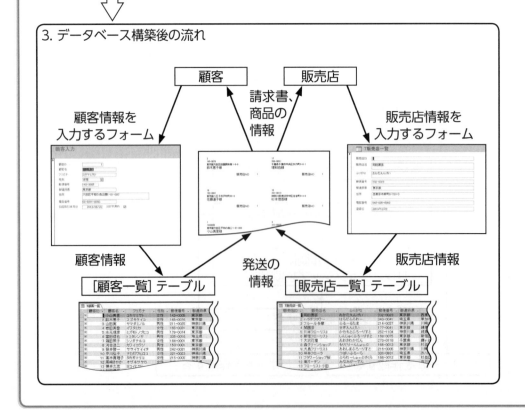

Accessの特徴

Accessは、リレーショナルデータベース（RDB）を効率よく管理、運用できるソフトウェアです。操作性がより向上したことと高レベルな互換性により、過去の資産を活かしながら効率的に業務に活用することができます。
ここでは、Accessの主な機能を紹介します（応用で学習する範囲も含まれています）。

■ 幅広いユーザーに対応

Accessは幅広いユーザーレベルに対応したソフトウェアです。データベースを構築するには専門的な知識が必要ですが、データベースを初めて使用するユーザーでも、豊富に用意されているウィザードを利用するだけで簡単にデータベースを作成することができます。
また、マクロやVBAを利用することで、業務アプリケーションを構築でき、パワーユーザーやプロフェッショナルユーザーまで、ユーザーレベルを問わず、より高度なデータベース設計が可能です。

■ さらなる操作性の向上

Accessのユーザーインターフェイスでは、データベースの作成、変更、および操作を簡単に行うことができるようになっています。
たとえば、実行しているタスクに関連のあるコマンドだけが表示されるようになっているため、効率的に作業を行うことができます。また、Accessのオブジェクトをまとめたナビゲーションウィンドウ、タブをクリックすることでそれぞれのオブジェクトを簡単に表示できるタブ付きのウィンドウ、構築したデータベースやテンプレートが表示されるAccessのスタート画面など、迅速に作業が行えるようなインターフェイスが提供されています。

■ 作業の効率化を実現するさまざまな機能

他のユーザーが作成したデータベースのパーツの再利用や、豊富なテンプレートおよびOfficeテーマを使用することで、時間と労力を削減し、統一したデザインと機能を持つデータベースを作成することができます。

用語 **リレーショナルデータベース（RDB）**

複数のテーブルにデータを細かく分けて、それらのテーブルを関連付けて管理する方式のことです。リレーショナルデータベースでは、データを目的や物、人、事象などに分けて複数の「テーブル」で管理することができ、また、そのテーブルの情報を統合して必要なときに他のテーブルのデータを参照するなど効果的に利用することができます。

Accessの起動

Accessを起動しましょう。

操作 Accessを起動する

Step 1 [スタート] ボタンから [Access] をクリックします。

❶ [スタート] ボタンをクリックします。

❷ [Access] をクリックします。

Step 2 Accessが起動します。

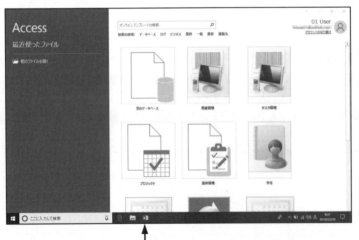

タスクバーにAccessのアイコンが表示されます。アイコンを右クリックして [タスクバーにピン留めする] をクリックすると、タスクバーのアイコンからAccessを起動できるようになります。

💡 ヒント　サインイン

本書では、あらかじめMicrosoftアカウントでOfficeにサインインした状態の画面で操作を進めていきます。サインインしていない場合は右上に「サインインしてOfficeを最大限に活用しましょう」と表示されるので、その部分をクリックしてサインインします。次回以降の起動時は自動的にサインインされます。

ヒント Microsoftアカウント

MicrosoftアカウントでOfficeにサインインすると、インターネット上のOneDriveにファイルを保存して、他のコンピューターのAccessやWebブラウザーから閲覧したり、編集したりすることができます。また、他のコンピューターのOfficeで同じ背景の設定や最近使ったファイルの一覧（OneDriveのファイル）を利用できます。

ヒント Accessのスタート画面

Access 2019を起動すると、「スタート画面」が表示されます。
スタート画面では、既存のデータベースを開いたりテンプレートからデータベースの新規作成ができます。
また、「テンプレート」を使用すると、高度なデータベースも簡単に作成することができます。Accessのテンプレートには、本格的なデザインのテーブル、フォーム、レポートなどで構成されるあらかじめデザインされたデータベースが含まれています。

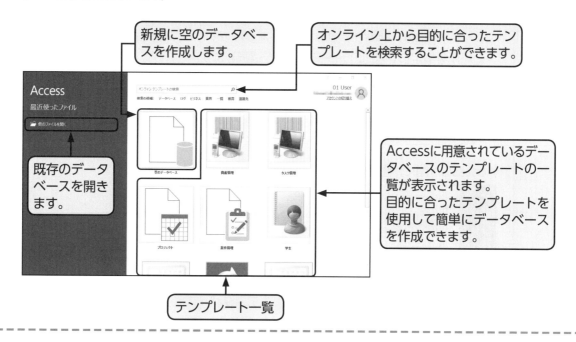

既存のデータベースを開く

すでに保存されているデータベースを編集するには、Accessで対象のデータベースを開いて操作します。また、作業が終了したら、データベースは閉じておきます。
データベースを開くには、[ファイルを開く] ダイアログボックスを利用します。

既存のデータベースを開くには、次のような方法があります。

・スタート画面の [他のファイルを開く] をクリックして、[開く] 画面の [このPC] からファイルの場所を指定して目的のデータベースを選択します。
・スタート画面の [他のファイルを開く] をクリックして、[開く] 画面の [最近使ったファイル] から目的のデータベースをクリックします。
・スタート画面または [開く] 画面の [最近使ったファイル] に表示されている目的のデータベースをクリックします。

Accessの [開く] 画面

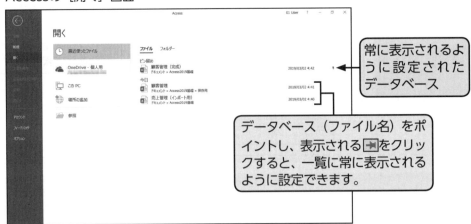

■ セキュリティの警告
Accessの初期設定ではデータベースを開くと、安全であることが明確ではないアクティブなコンテンツが含まれている可能性がある場合、メッセージバーにセキュリティの警告が表示されます。このような場合は、[コンテンツの有効化] をクリックし、データベースを使用します。

💡 ヒント　**メッセージバーの閉じるボタン**
　　　　　メッセージバーの ✕ をクリックしてメッセージバーを閉じると、アクションクエリやマクロの実行ができません。
　　　　　メッセージバーを無効にするには、[ファイル] タブの [オプション] をクリックして、[Accessのオプション] ダイアログボックスの [セキュリティセンター] で設定します。

操作 データベースを開く

[Access2019基礎] フォルダーに保存されているデータベース「顧客管理(完成)」を開きましょう。

Step 1 [開く] 画面を表示します。

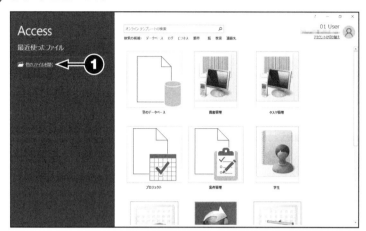

❶ [他のファイルを開く] をクリックします。

❷ [開く] 画面が表示されたことを確認します。

💡 **ヒント**
最近使ったファイル
以前にデータベースを開いたことがある場合は [最近使ったファイル] の一覧にデータベース名が表示され、クリックして開くことができます。

Step 2 [ドキュメント]フォルダーの中のデータベースが保存されているフォルダーを指定します。

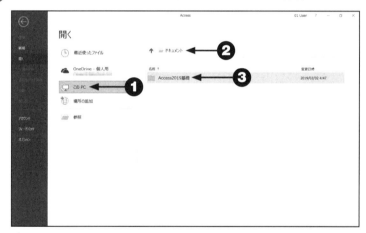

❶ [このPC] をクリックします。

❷ [ドキュメント] フォルダーが開いていることを確認します。

❸ [Access2019基礎] をクリックします。

Step 3 開くデータベースを指定します。

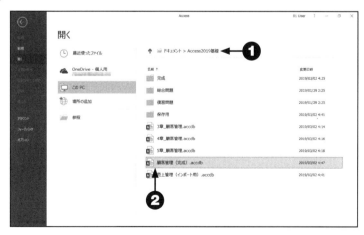

❶ ファイルの場所として [ドキュメント>Access2019基礎] と表示されていることを確認します。

❷ [顧客管理 (完成)] をクリックします。

💡 **ヒント**
データベースとファイル
Accessでは、ファイルのことを「データベース」といいます。

第1章 Accessの基本操作 | 9

Step 4 データベース「顧客管理(完成)」が開きます。

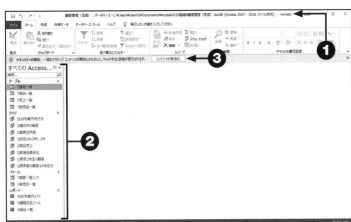

❶ タイトルバーに[顧客管理(完成)]と表示されていることを確認します。

❷ ウィンドウの左端にナビゲーションウィンドウが開いていることを確認します。

❸ メッセージバーが表示されていることを確認します。

Step 5 メッセージバーの[コンテンツの有効化]をクリックして、コンテンツを有効にします。

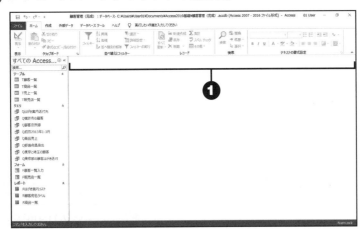

❶ メッセージバーが閉じたことを確認します。

💡ヒント　Accessが起動していない状態からファイルを開く

Accessが起動していない状態でもファイルを指定して開くことができます。デスクトップ上のファイルアイコンや、エクスプローラーで開いたフォルダーにあるファイルを、ダブルクリックするか、右クリックしてショートカットメニューの[開く]をクリックすると、Accessが起動してファイルが開きます。

ヒント **[セキュリティセンター] ダイアログボックス**

[セキュリティセンター] ダイアログボックスは、メッセージバーの無効や信頼できる場所の追加や確認などが行えます。[セキュリティセンター] ダイアログボックスを表示するには、[ファイル] タブの [オプション] をクリックし、[Accessのオプション] ダイアログボックスの [セキュリティセンター] をクリックして、[セキュリティセンターの設定] をクリックします。

メッセージバーの無効は、[メッセージバー] が選択されていることを確認し、[ブロックされた内容に関する情報を表示しない] をクリックします。

データベースを信頼できる場所に保存すると、データベースを開いたときにメッセージバーが表示されなくなります。[信頼できる場所] をクリックすると、信頼できる場所の確認や、新しい場所の追加が設定できます。

Accessの画面構成

Access 2019の画面構成要素について確認します。

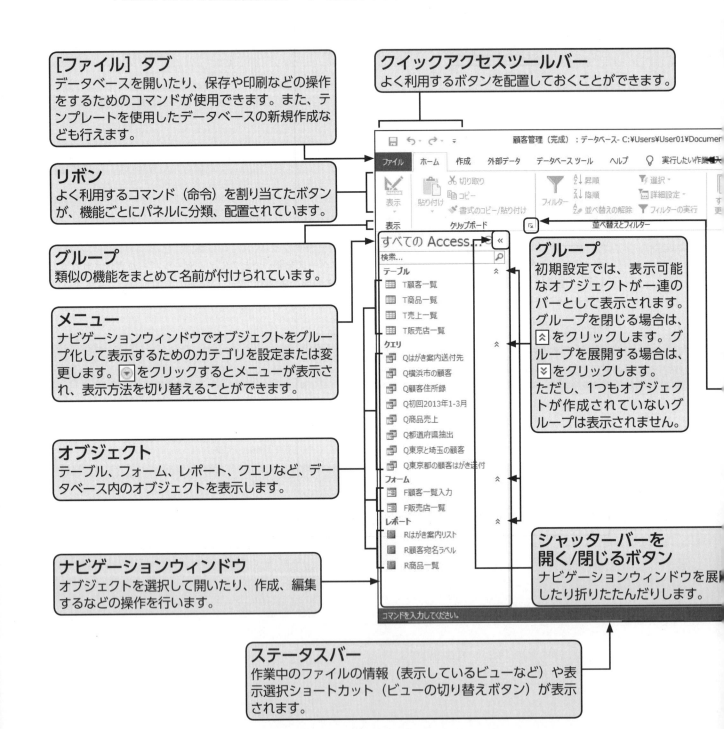

[ファイル] タブ
データベースを開いたり、保存や印刷などの操作をするためのコマンドが使用できます。また、テンプレートを使用したデータベースの新規作成なども行えます。

リボン
よく利用するコマンド（命令）を割り当てたボタンが、機能ごとにパネルに分類、配置されています。

グループ
類似の機能をまとめて名前が付けられています。

メニュー
ナビゲーションウィンドウでオブジェクトをグループ化して表示するためのカテゴリを設定または変更します。をクリックするとメニューが表示され、表示方法を切り替えることができます。

オブジェクト
テーブル、フォーム、レポート、クエリなど、データベース内のオブジェクトを表示します。

ナビゲーションウィンドウ
オブジェクトを選択して開いたり、作成、編集するなどの操作を行います。

クイックアクセスツールバー
よく利用するボタンを配置しておくことができます。

グループ
初期設定では、表示可能なオブジェクトが一連のバーとして表示されます。グループを閉じる場合は、をクリックします。グループを展開する場合は、をクリックします。
ただし、1つもオブジェクトが作成されていないグループは表示されません。

シャッターバーを開く/閉じるボタン
ナビゲーションウィンドウを展開したり折りたたんだりします。

ステータスバー
作業中のファイルの情報（表示しているビューなど）や表示選択ショートカット（ビューの切り替えボタン）が表示されます。

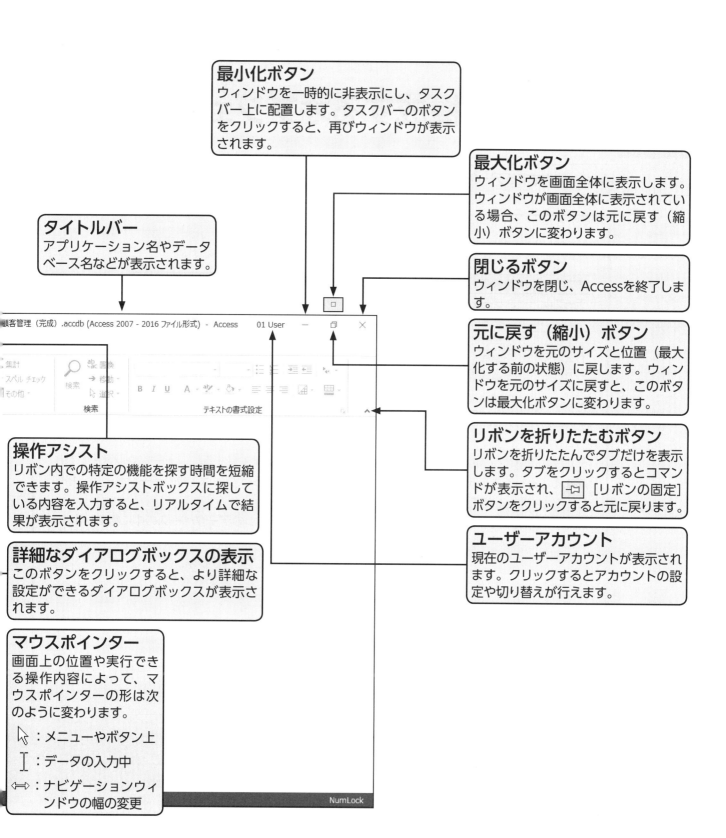

Accessを構成するオブジェクト

Accessで作成するデータベースはさまざまなオブジェクトで構成されています。

Accessのデータベースは、主に次のようなオブジェクトから構成されています。

オブジェクト名	機能
テーブル	データを保存します。データベースの一番基本となるオブジェクトです。
クエリ	条件に合ったデータの抽出や、並べ替えを行い、結果を表示します。
フォーム	テーブルへのデータ入力画面を作成し、データを表示、追加、更新、削除します。
レポート	蓄積されたデータを分析および集計して、さまざまな形式で印刷します。
マクロ	簡易プログラム言語の働きをし、複雑な操作や繰り返し行う操作を自動化します。
モジュール	VBA (Visual Basic for Applications) を使用して一連の操作を自動化し、データベースに機能を追加します。

テーブルを基にクエリやフォーム、レポートを作成でき、クエリを基にフォームやレポートを作成することもできます。そして、Accessではこれらのオブジェクトは1つのデータベースに格納し、ファイルとして管理されます。
同じシステムで管理したい複数のテーブルがある場合も、1つのデータベースの中に格納します。

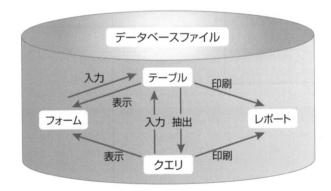

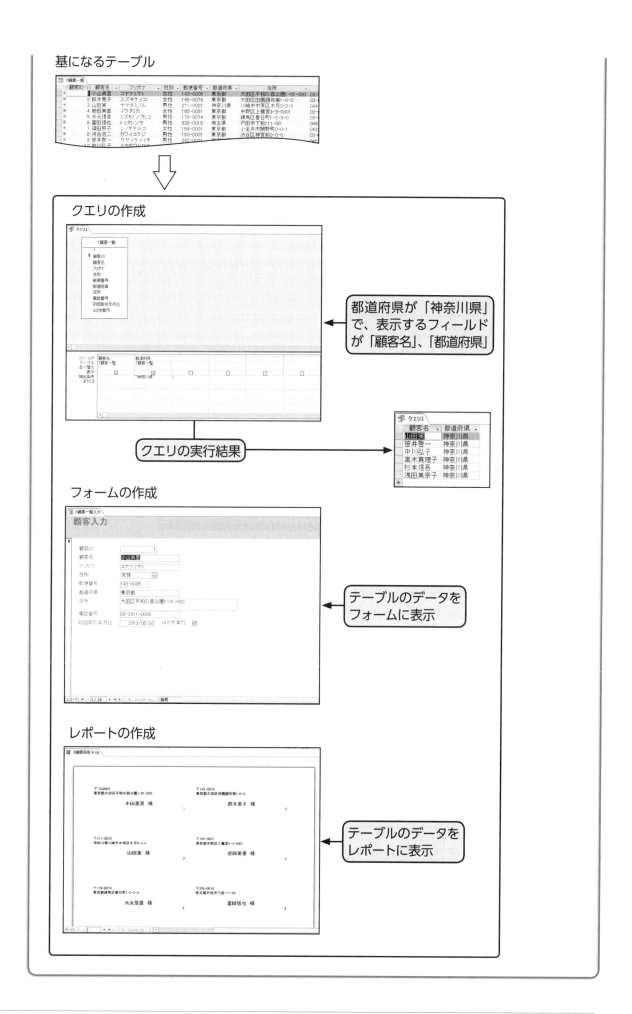

テーブル

テーブルとは、目的別に集められたデータを保存するためのオブジェクトです。Accessのデータはすべてテーブルに保存されており、1つのデータベースには複数のテーブルを格納することができます。

テーブルでは、列を「フィールド」、列見出しを「フィールド名」といいます。行は「レコード」といい、1件分のデータを1行で入力します。データを表示している一覧表形式の画面を「データシートビュー」といいます。データシートビューでは、データの追加、削除、編集を行うことができます。また、データはフィールドごとに並べ替えを行ったり、条件を指定して抽出をすることができます。

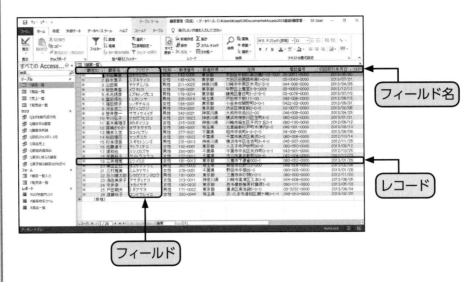

テーブルの構成は、「デザインビュー」で設定します。フィールド名や、そのフィールドにどのようなデータを入力するかによって詳細設定を行います。

たとえば、顧客名を入力したらフリガナが自動で表示されるようにしたり、郵便番号は書式を設定して「-」が自動で入力されるようにするなどの詳細設定を「フィールドプロパティ」で行うことができます。

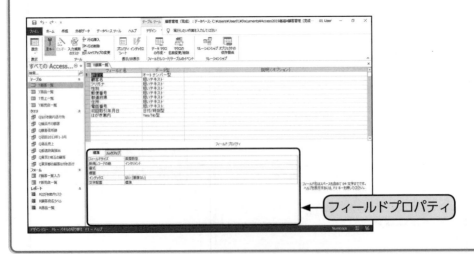

操作 テーブルを開く

[T顧客一覧] テーブルを開き、内容を確認しましょう。

Step 1 [T顧客一覧] テーブルを開きます。

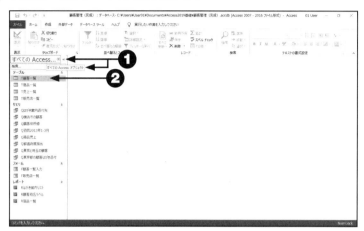

❶ ナビゲーションウィンドウのタイトル部分にマウスポインターを合わせ、[すべてのAccessオブジェクト] になっていることを確認します。

❷ テーブルの一覧から [T顧客一覧] をダブルクリックします。

💡 ヒント
ナビゲーションウィンドウのタイトル表示
ナビゲーションウィンドウの横幅によってタイトルがすべて表示されないことがあります。
このような場合は、タイトル部分にマウスポインターを合わせ、表示されるポップヒントで確認するか、ナビゲーションウィンドウの右端の境界線をマウスで右方向にドラッグすることで確認できます。

Step 2 [T顧客一覧] テーブルがデータシートビューで開きます。

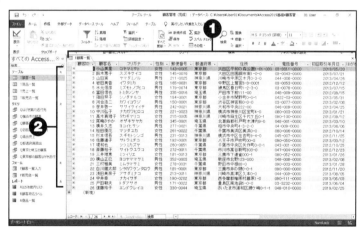

❶ 列方向にフィールドが配置されていることを確認します。

❷ 行方向にレコードが配置されていることを確認します。

第1章 Accessの基本操作 **17**

操作 テーブルのビューを切り替える

[T顧客一覧] テーブルをデザインビューに切り替えましょう。

Step 1 [T顧客一覧] テーブルをデザインビューに切り替えます。

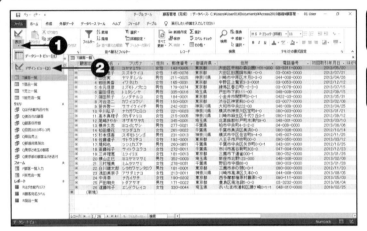

❶ [表示] ボタンの▼をクリックします。

❷ [デザインビュー] をクリックします。

Step 2 [T顧客一覧] テーブルがデザインビューで開きます。

Step 3 ✕ 'T顧客一覧' を閉じるボタンをクリックして、[T顧客一覧] テーブルを閉じます。

ヒント [表示] ボタンについて

テーブルのデータシートビューが開いているとき、[表示] ボタンをクリックすると、デザインビューに切り替わります。デザインビューを開いているとき、[表示] ボタンをクリックすると、データシートビューに切り替わります。

クエリ

クエリは、テーブルに保存されているデータの中から、特定のデータを抽出して表示します。目的のデータだけを取り出すことを「抽出」といいます。データの抽出を行うためには、クエリで表示するフィールドや条件を指定します。クエリを実行すると、必要なフィールドのみを選択して表示したり、目的のデータを取り出して表示したり、複数のテーブルに分けて格納されているデータを1つのデータシートに表示したりすることができます。また、クエリには計算機能があります。

クエリは並べ替えや、抽出などの結果をデータシートビューでテーブルとして確認することができます。並べ替えや抽出の条件設定や計算式は、デザインビューで行います。

基になるテーブル

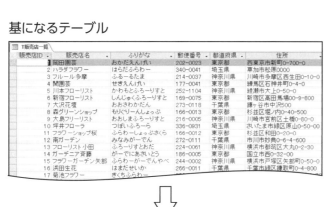

クエリの設定（デザインビュー）

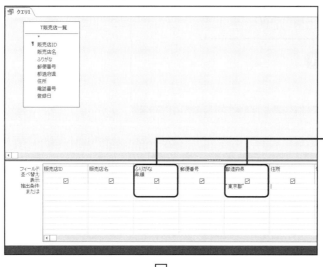

[都道府県] フィールドが「東京都」のデータを抽出し、[ふりがな] フィールドを昇順で並べ替え

クエリの実行結果

操作 クエリを開く

[T顧客一覧] テーブルを基に作成されている [Qはがき案内送付先] クエリを開きましょう。

Step 1 [Qはがき案内送付先] クエリを開きます。

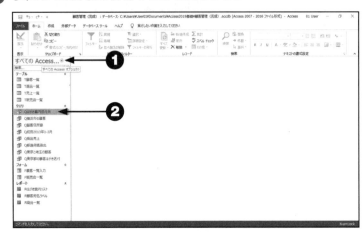

❶ ナビゲーションウィンドウのタイトルが [すべてのAccessオブジェクト] になっていることを確認します。

❷ クエリの一覧から [Qはがき案内送付先] をダブルクリックします。

Step 2 クエリが実行されます。

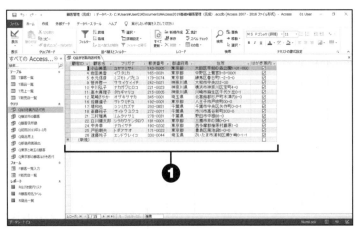

❶ [顧客ID]、[顧客名]、[フリガナ]、[郵便番号]、[都道府県]、[住所]、[はがき案内] の7つのフィールドが表示され、[はがき案内] フィールドはすべて☑になっていることを確認します。

操作 クエリのビューを切り替える

[Qはがき案内送付先] クエリをデザインビューに切り替えましょう。

Step 1 [Qはがき案内送付先] クエリをデザインビューに切り替えます。

❶ [表示] ボタンの▼をクリックします。

❷ [デザインビュー] をクリックします。

Step 2 [Qはがき案内送付先] クエリがデザインビューで開きます。

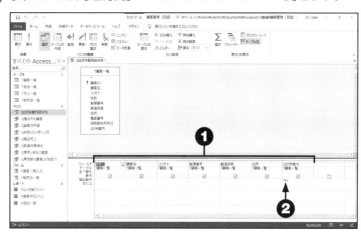

❶ [フィールド] 行に [顧客ID]、[顧客名]、[フリガナ]、[郵便番号]、[都道府県]、[住所]、[はがき案内] の7つのフィールドが表示されていることを確認します。

❷ [はがき案内] フィールドの [抽出条件] 行に [Yes] と表示されていることを確認します。

Step 3 × 'Qはがき案内送付先' を閉じるボタンをクリックして、[Qはがき案内送付先] クエリを閉じます。

フォーム

フォームは、テーブルに保存されているデータを表示、入力するためのオブジェクトです。
フォームを作成すると、テーブルでは1行に表示される1レコードを1画面に表示することができるため、入力作業を効率よく行うことができます。

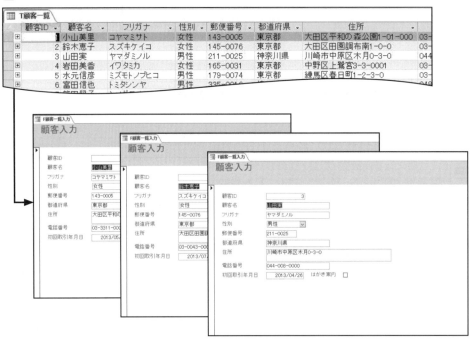

フォームに表示されているレコードは、フォーム下部のボタンを使用して操作することができます。

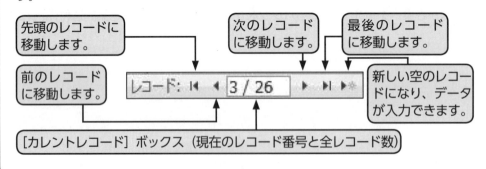

操作 フォームを開く

[T顧客一覧] テーブルを基に作成されている [F顧客一覧入力] フォームを開き、表示するレコードを変更しましょう。

Step 1 [F顧客一覧入力] フォームを開きます。

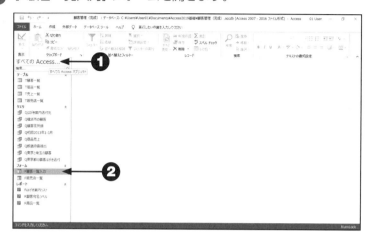

❶ ナビゲーションウィンドウのタイトルが [すべてのAccessオブジェクト] になっていることを確認します。

❷ フォームの一覧から [F顧客一覧入力] をダブルクリックします。

Step 2 [F顧客一覧入力] フォームが開き、1件目のデータが表示されます。

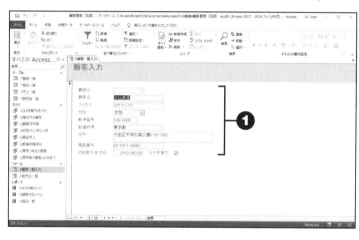

❶ テーブルの1件目のレコードと同じデータが表示されていることを確認します。

Step 3 2件目のレコードを表示します。

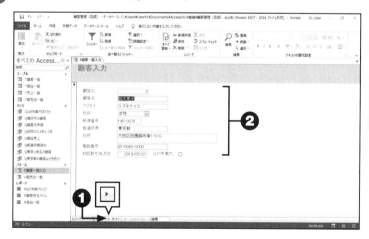

❶ [次のレコード] ボタンをクリックします。

❷ テーブルの2件目のレコードと同じデータが表示されていることを確認します。

第1章 Accessの基本操作

ヒント 任意のレコードの表示

任意のレコードを表示するには、[カレントレコード] ボックスにそのレコードの番号を直接入力し、**Enter**キーを押します。また、**Alt**+**F5**キーを押すと [カレントレコード] ボックスにカーソルが移動し、任意のレコードの番号を入力することができます。

操作 フォームのビューを切り替える

[F顧客一覧入力] フォームをデザインビューに切り替えましょう。

Step 1 [F顧客一覧入力] フォームをデザインビューに切り替えます。

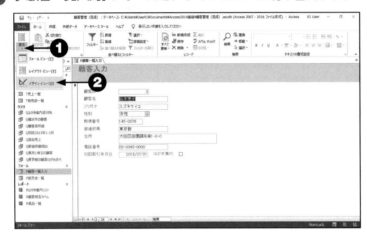

❶ [表示] ボタンの▼をクリックします。

❷ [デザインビュー] をクリックします。

Step 2 [F顧客一覧入力] フォームがデザインビューで開きます。

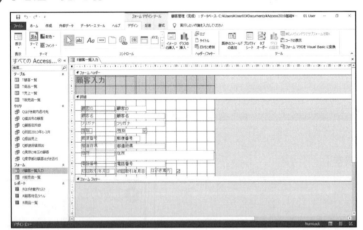

Step 3 × 'F顧客一覧入力' を閉じるボタンをクリックして、[F顧客一覧入力] フォームを閉じます。

レポート

レポートは、テーブルに保存されているデータを、さまざまな形式で印刷するためのオブジェクトです。

レポートでは、テーブルやクエリのデータを表形式や宛名ラベルとして作成し、印刷することができます。レポートはデザインビューで作成し、レポートビューや印刷プレビューなどで確認します。

基になるテーブル

表形式のレポート

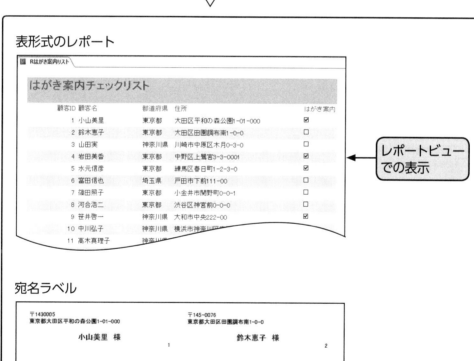

←レポートビューでの表示

宛名ラベル

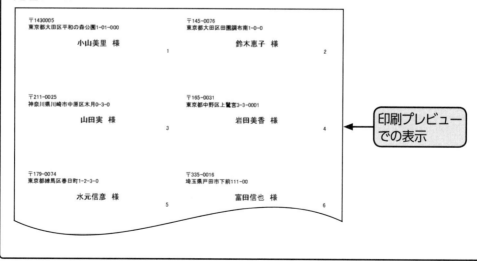

←印刷プレビューでの表示

操作 レポートを開いてレポートビューで印刷イメージを確認する

[T顧客一覧] テーブルを基に作成されている [Rはがき案内リスト] レポートの印刷イメージを確認しましょう。

Step 1 [Rはがき案内リスト] レポートをレポートビューで開きます。

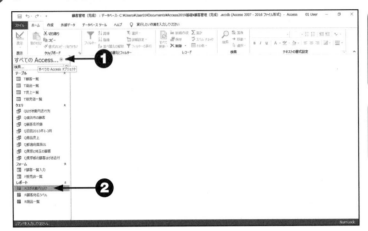

❶ ナビゲーションウィンドウのタイトルが [すべてのAccessオブジェクト] になっていることを確認します。

❷ レポートの一覧から [Rはがき案内リスト] をダブルクリックします。

Step 2 レポートの内容が表示されます。

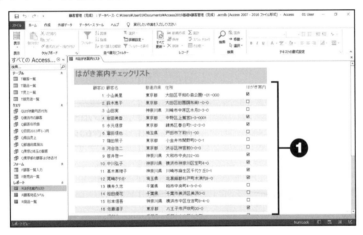

❶ [T顧客一覧] テーブルの中から [顧客ID]、[顧客名]、[都道府県]、[住所]、[はがき案内] の5つのフィールドのデータが表示されていることを確認します。

操作 レポートのビューを切り替える

[Rはがき案内リスト]レポートをデザインビューに切り替え、その後印刷プレビューに切り替えましょう。

Step 1 [Rはがき案内リスト]レポートをデザインビューに切り替えます。

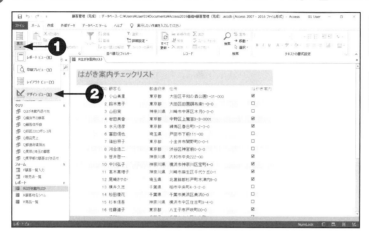

❶[表示]ボタンの▼をクリックします。

❷[デザインビュー]をクリックします。

Step 2 [Rはがき案内リスト]レポートがデザインビューで開きます。

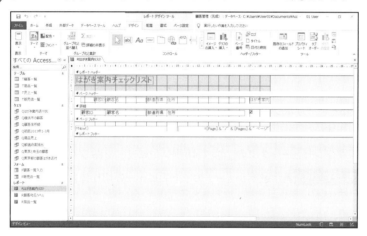

Step 3 [Rはがき案内リスト]レポートを印刷プレビューに切り替えます。

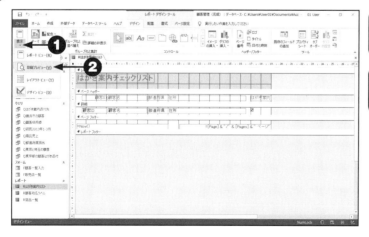

❶[表示]ボタンの▼をクリックします。

❷[印刷プレビュー]をクリックします。

Step 4 [Rはがき案内リスト] レポートが印刷プレビューで開きます。

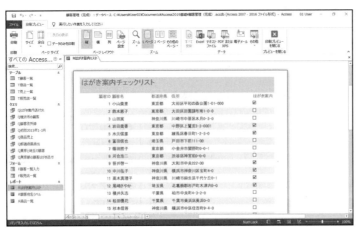

Step 5 ✕ 'Rはがき案内リスト' を閉じるボタンをクリックして、[Rはがき案内リスト] レポートを閉じます。

💡 **ヒント　レポートの拡大／縮小表示**

印刷プレビューしているレポート上をポイントすると、マウスポインターの形が 🔍 になります。この状態でクリックすると、レポートが縮小表示されます。縮小表示されたレポート上をポイントすると、マウスポインターの形が 🔍 になり、この状態でクリックすると、元のサイズ（拡大表示）になります。

また、ステータスバー右端の ［－────┼────＋］ のバーを左右にドラッグして、任意のサイズでレポートを表示することもできます。

💡 **ヒント　印刷プレビューについて**

レポートの印刷プレビューを開くと、リボンの [表示] ボタンが [印刷] ボタンになり、[表示] ボタンでビューを切り替えられなくなります。

ビューを切り替えるには、[印刷プレビュー] タブの [印刷プレビューを閉じる] ボタンをクリックするか、ステータスバー右端の 表示選択ショートカットのビューの切り替えボタンを使用します。

ヒント タブ付きのウィンドウについて

オブジェクトは重ねて表示されるウィンドウではなく、タブ付きのウィンドウで表示されます。複数のオブジェクトを開いたとき、オブジェクト名が表示されたタブをクリックするだけで簡単にウィンドウを切り替えて操作できるので便利です。

初期設定では、Access 2019で新規に作成されるデータベースにはドキュメントタブが表示されます。

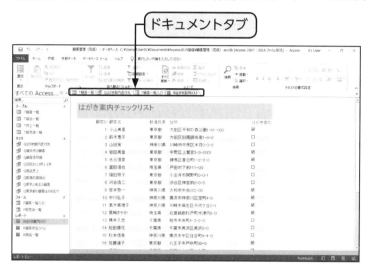

Access 2007以前のバージョンで作成されたデータベースを開いた場合は、タブ付きのウィンドウではなく、ウィンドウが重なって表示されます。

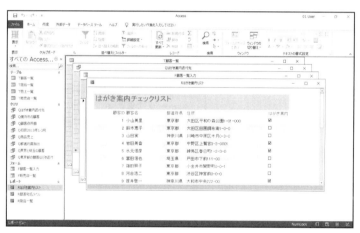

重なったウィンドウの表示をタブ付きのウィンドウに切り替えるには、次の操作を行います。
1. ［ファイル］タブをクリックして、［オプション］をクリックします。
2. ［Accessのオプション］ダイアログボックスの［現在のデータベース］をクリックします。
3. ［アプリケーションオプション］の［ドキュメントウィンドウオプション］の下にある［タブ付きドキュメント］をクリックします。
4. ［ドキュメントタブを表示する］チェックボックスをオンにして、［OK］をクリックします。

この後、現在開いているデータベースを閉じて再度開くと、表示が切り替わります。

Accessの終了

データベースに関する作業が終了したら、データベースを閉じます。

操作 データベースを閉じる

Step 1 データベースを閉じます。

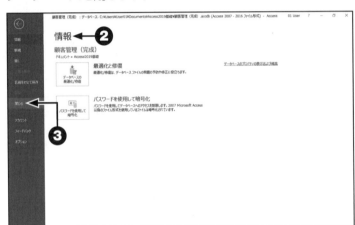

❶ [ファイル] タブをクリックします。

❷ [情報] 画面が表示されたことを確認します。

❸ [閉じる] をクリックします。

Step 2 Accessを終了します。

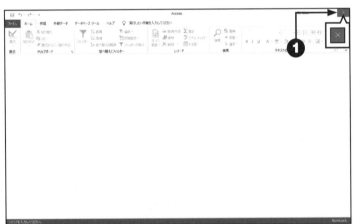

❶ 閉じるボタンをクリックします。

この章の確認

- [ ] Accessを起動できますか？
- [ ] 既存のデータベースを開くことができますか？
- [ ] テーブルを開くことができますか？
- [ ] テーブルのビューを切り替えられますか？
- [ ] クエリを開くことができますか？
- [ ] クエリのビューを切り替えられますか？
- [ ] フォームを開くことができますか？
- [ ] 表示するレコードを移動できますか？
- [ ] フォームのビューを切り替えられますか？
- [ ] レポートを開くことができますか？
- [ ] レポートのビューを切り替えられますか？
- [ ] データベースを閉じることができますか？
- [ ] Accessを終了できますか？

復習問題 問題 1-1

データベースの基本操作を練習しましょう。

1. Access 2019を起動し、[Access2019基礎] フォルダーにある既存のデータベース「顧客管理（完成）」を開きましょう。
2. [T顧客一覧] テーブルを開きましょう。
3. [T顧客一覧] テーブルをデザインビューに切り替えて、閉じましょう。
4. [Qはがき案内送付先] クエリを開きましょう。
5. [Qはがき案内送付先] クエリをデザインビューに切り替えて、閉じましょう。
6. [F顧客一覧入力] フォームを開きましょう。
7. [F顧客一覧入力] フォームの2件目のレコードを表示しましょう。
8. [F顧客一覧入力] フォームをデザインビューに切り替えて、閉じましょう。
9. [Rはがき案内リスト] レポートを開きましょう。
10. [Rはがき案内リスト] レポートを印刷プレビューに切り替えましょう。
11. [Rはがき案内リスト] レポートをデザインビューに切り替えて、閉じましょう。
12. データベース「顧客管理（完成）」を閉じて、Access 2019を終了しましょう。

※この問題の完成データはありません。

データベースと テーブルの作成

- データベースの新規作成
- テーブルの作成
- テーブルのデータシートビュー
- その他のデータの活用
- フィルター
- 複数テーブル間のリレーションシップの作成

データベースの新規作成

データベースを新規に作成するには、まず空のデータベースを作成して、データベースの格納場所とファイル名を設定します。

本書では、顧客の売上を管理する業務を想定し、データを管理するためのデータベース「顧客管理」をあらかじめ用意されているテンプレートを使わずに、空のデータベースから新規に作成します。

■ 想定される業務
ハーブの販売店では、Excelで管理していた顧客情報、Accessですでに作成した売上管理のデータベースから商品情報、売上情報、販売店情報をまとめて管理するために、新規のデータベースを作成して、次の業務が行えるよう想定しています。

顧客管理
・新規の顧客情報の入力
・Excelで管理している顧客情報をAccessのデータベースとして活用
・ダイレクトメールの発送など条件に合った顧客を抽出した宛名印刷

売上管理
・Accessの別のデータベースからの商品一覧と売上一覧のデータの活用
・IDを使用した顧客名や商品名などの表示
・売上ごとの金額の計算

■ データベース作成時の作業
ExcelやWordでは、新規に作成した表や文書は、後からでも保存作業を行うことができますが、Accessではデータベースの作成時に、保存先とファイル名を指定する必要があります。データベースの保存先とファイル名を指定して「空のデータベース」を作成すると、次のようにテーブルがデータシートビューで開き、フィールド名とデータが入力できる状態になります。

■ Access 2019の拡張子

データベースファイルには、ファイル名の他に、ファイルの種類を認識するために半角の拡張子が付きます。Access 2019の既定のデータベースの拡張子は、「.accdb」です。拡張子は保存時に自動的に付けられるので、入力する必要はありません。ただし、拡張子はWindowsの初期設定で表示されないようになっているため、ファイル名は 顧客管理 のようにアイコンで表示されます。

操作☞ データベースを新規に作成する

「顧客管理」という名前の空のデータベースを[Access2019基礎]フォルダーの[保存用]フォルダーに作成しましょう。

Step 1 Accessを起動します。

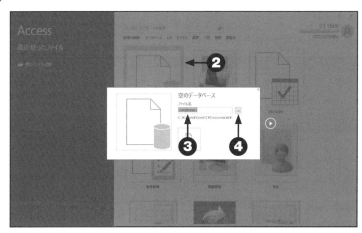

❶ Accessのスタート画面が表示されていることを確認します。

❷ [空のデータベース] をクリックします。

❸ [ファイル名] ボックスに [Database1] と表示されていることを確認します。

❹ [データベースの保存場所を指定します] アイコンをクリックします。

Step 2 [新しいデータベース] ダイアログボックスでデータベースの保存場所を[Access2019基礎] フォルダーの [保存用] フォルダーに指定します。

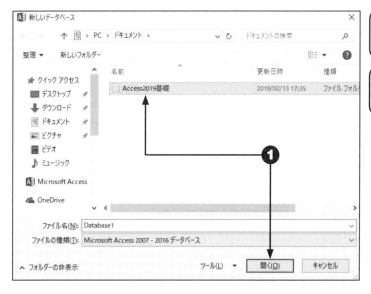

❶ [Access2019基礎] をクリックして、[開く] をクリックします。

❷ [保存用] をクリックして、[開く] をクリックします。

Step 3 [新しいデータベース] ダイアログボックスにファイル名を入力します。

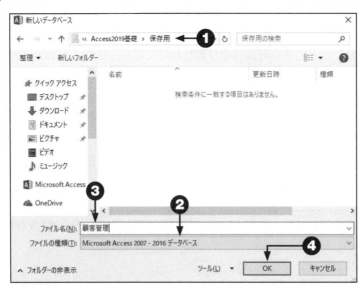

❶ [ファイルの場所] ボックスに [保存用] と表示されていることを確認します。

❷ [ファイルの種類] ボックスに [Microsoft Access 2007-2016データベース] と表示されていることを確認します。

❸ [ファイル名] ボックスに「顧客管理」と入力します。

❹ [OK] をクリックします。

Step 4 データベースを作成します。

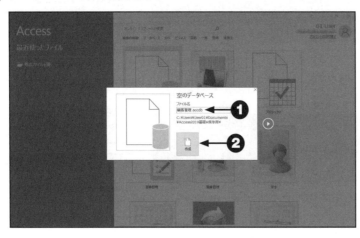

❶ [ファイル名] ボックスに [顧客管理.accdb] と表示されていることを確認します。

❷ [作成] をクリックします。

Step 5 データベース「顧客管理」が作成されたことを確認します。

❶ Accessウィンドウのタイトルバーに [顧客管理] と表示されていることを確認します。

❷ 空のテーブル [テーブル1] がデータシートビューで開いていることを確認します。

ヒント ファイル名の付け方について

データベースファイルには、データベースの内容を示すような、わかりやすい名前を付けます。なお、ファイル名には、次の半角記号は使用できません。

/	スラッシュ	*	アスタリスク	¦	縦棒
¥	円記号	?	疑問符	:	コロン
<>	不等号	"	ダブルクォーテーション		

重要 以前のバージョンのAccessで作成したデータベースについて

Access 2000またはAccess 2002-2003ファイル形式のデータベースは、Access 2019でも通常どおりにファイルを開いて使用することができます。ただし、.accdbファイル形式を必要とする新しい機能を利用することはできません。

ヒント テンプレートを使用したデータベースの作成

テンプレートを使用して新規データベースを作成する方法があります。Accessにあらかじめ用意されているテンプレート(ひな型)を選択して名前を付けて保存すると、テーブル、フォーム、レポートなどが自動的に作成されます。

テンプレートを使用するには、[ファイル]タブの[新規]をクリックして、[新規]画面で目的のデータベースに合ったアイコンをクリックします。テンプレートには、タスク管理や、案件管理、資産管理などといったものが用意されています。また、Accessの起動時にもテンプレートは表示されます。

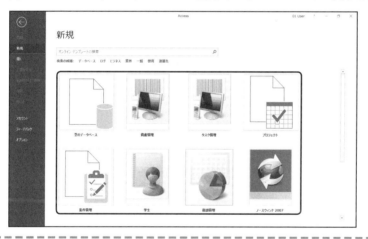

テーブルの作成

空のデータベースに、データを格納するためのテーブルを作成します。たとえば、「顧客名簿」を作成しておけば、請求書の請求先として「会社名」を利用したり、発送時には宛名印刷に必要な「郵便番号」や「住所」、「会社名」、「顧客名」などを利用することができます。
新規にテーブルを作成するには、データベース作成直後に表示されるテーブルのデータシートビューで作成する方法や、デザインビューで作成する方法などがあります。

データベースで扱うデータは、テーブルの中に格納します。テーブルは、データベースファイルの中で一番基本となるオブジェクトです。オブジェクトの入れ物にあたる空のデータベースファイルを作成した後は、データを格納するためのテーブルを作成します。
Access 2019では、空のデータベースを作成すると、次のように [ID] フィールドのみの [テーブル1] テーブルがデータシートビューで開きます。

■ アプリケーションパーツを使用したテーブルの作成方法

[作成] タブの [アプリケーションパーツ] ボタンをクリックして表示される [クイックスタート] にある [案件] や [連絡先] を選択すると、テーブルが作成され、フィールド名、データ型、フィールドプロパティが自動的に設定されます。作成されたテーブルを編集して、フィールド名やデータ型を変更することも可能です。
また、テーブルだけではなく、フォームやレポートも自動的に作成されます。

操作 テーブルを新規に作成する

テーブルに [T顧客一覧] という名前を付けて保存しましょう。

Step 1 テーブルを保存して、テーブル名として [T顧客一覧] と指定します。

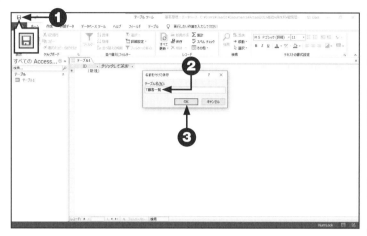

❶ クイックアクセスツールバーの [上書き保存] ボタンをクリックします。

❷ [名前を付けて保存] ダイアログボックスの [テーブル名] ボックスに、「T顧客一覧」と入力します。

❸ [OK] をクリックします。

💡 ヒント
オブジェクトの名前

オブジェクト名を付けるときに、テーブルには「T」、フォームには「F」など、オブジェクトが判断できる記号や文字を付けておくと、名前でオブジェクトの種類が判断しやすくなります。

Step 2 [T顧客一覧] テーブルが作成されたことを確認します。

❶ ナビゲーションウィンドウの [テーブル] の下に [T顧客一覧] テーブルが表示されていることを確認します。

⚠ 重要　オブジェクト名について

テーブルやクエリなどのオブジェクト名には、次の制限があります。
- スペースを含めて64文字までです。
- テーブルとクエリに同じ名前を付けることはできません。
- 次の半角記号は使用できません。
    . ピリオド　　　! 感嘆符　　　[ ] 角かっこ　　　` アクセント記号　など
- 先頭にスペースを使用することはできません。

第 2 章 データベースとテーブルの作成　39

テーブルのデザインビュー

デザインビューでは、テーブル構造の作成や変更を行います。

簡単なテーブルの作成や、フィールド名の変更などはデータシートビューでも行えますが、テーブルを新規に作成するときに詳細に属性を設計したり、既存のテーブルの詳細設計を変更する場合は、デザインビューを使用します。

デザインビューでテーブルを作成するには、まず、「フィールド名」を設定し、データ型、フィールドプロパティなどを1つずつ指定して作成します。

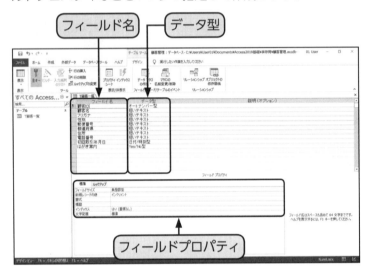

設定項目	説明
フィールド名	フィールドの見出しにあたる名前を設定します。
データ型	そのフィールドに格納されるデータの種類を指定します。たとえば、日付を格納するフィールドは［日付/時刻型］を設定します。
説明	データシートビューで、そのフィールドにカーソルが移動したとき、ステータスバーに表示するメッセージを指定します。
フィールドプロパティ	選択したフィールドのデータサイズや表示方法、入力支援方法など、詳細な設定を行います。

■ その他のテーブル構造の変更方法

テーブルのデータシートビューでもテーブル構造の変更が行えます。テーブルをデータシートビューで開くと、［フィールド］タブと［テーブル］タブが表示されます。［フィールド］タブでは、データ型やフィールド名や標題などのフィールドプロパティが設定できます。［テーブル］タブでは、リレーションシップやテーブルプロパティなどの設定ができます。

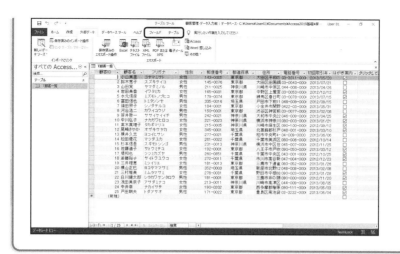

フィールド名とデータ型

デザインビューからテーブルを作成する場合、まずフィールド名とデータ型を設定します。
テンプレートなどを使用してテーブルを作成すると、フィールド名とデータ型が自動的に設定されますが、必要に応じてフィールドを追加したり変更したりすることができます。

フィールドには、フィールド名とデータ型を必ず設定します。

■ **フィールド名**
各フィールドには、他のフィールドと区別するための名前が必要です。フィールドに付けられた名前を「フィールド名」といいます。テーブルが異なれば、フィールド名は同じでもかまいません。
フィールド名には、項目の名称としてわかりやすい名前を付けます。
フィールド名には、次の制限があります。
・フィールド名は、スペースを含めて64文字までです。
・次の半角記号は使用できません。
　．ピリオド　　　！感嘆符　　　［］角かっこ　　　｀アクセント記号　など
・フィールド名の先頭には、スペースを使用できません。
・フィールド名は、テーブル内で最大255個まで設定できます。

■ **データ型**
フィールドには、格納するデータに合わせて「データ型」を設定します。
デザインビューから作成する場合、特に指定しない限り、データ型として［短いテキスト］が設定されていますが、入力するデータに応じて変更ができます。また、データ型を設定すると、そのフィールドに設定されているデータ型に合わないデータは入力できなくなり、フィールドに入力するデータを一定の範囲に絞るチェック機能を持たせることができます。たとえば、数値型のフィールドに短いテキストのデータである顧客名を入力してしまうなどの誤りを防ぐことができます。

次の表は主なデータ型についてまとめたものです。

データ型	説明	使用例
短いテキスト	最大255文字までの文字、または計算の対象ではない数字を格納します。	商品名、郵便番号、電話番号など
長いテキスト	長い文字（最大で1GB分の文字まで）を格納します。 （ユーザーインターフェイスからデータが入力される場合には、65535文字まで）	備考、摘要など
数値型	数値データを格納します。計算に使用することができます。	数量、年数など
大きい数値	Access 2019に追加された新しいデータ型で、ODBCのSQL_BIGINTデータ型やSQL ServerのBigInt型と互換性があります。非金銭の数値データを格納し、大きい数値を効率的に計算します。	外部データを効率的に利用する際に使用されます。たとえば、SQL Serverなど、他のデータベースソフトに接続してデータを取り扱う大規模システムなどでは、整数は8バイト(-9,223,372,036,854,775,808 ～ 9,223,372,036,854,775,807まで)で扱われます。
日付/時刻型	日付や時刻の値を格納します。計算に使用することができます。	入社年月日、出社時刻など
通貨型	通貨の値および数値データを格納します。	単価、金額など
オートナンバー型	新規レコード作成時に、自動的に連番が入力されます。通常は、主キーで使用します。	伝票番号、ID番号など
Yes/No型	二者択一の場合に使用します。Yes/No、True/False、On/Offの3つの書式があります。 Yesは-1、Noは0で処理しています。	ある/なしの区分など
OLEオブジェクト型	Excelワークシート、Word文書、グラフィックス、写真などのオブジェクトを格納します。	社員の写真、商品の写真など
ハイパーリンク型	Webサイト、イントラネットのサイトやファイル、Officeドキュメントなどへのリンクを格納します。	ホームページアドレス、電子メールアドレスなど
添付ファイル	Office 2019のアプリケーションで作成されたファイル(Excelワークシート、Word文書など)や、ログファイル(.log)、テキストファイル(.text、.txt)、圧縮ファイル(.zip)などをデータベースのレコードに添付します。	Officeで作成したファイル、画像ファイルなど

🔆 ヒント　日付/時刻型と通貨型の表示形式

日付/時刻型と通貨型は、特に表示形式を指定しない限り、Windowsで設定されている形式になります。

🔆 ヒント　集計

データ型に集計を設定すると、[式ビルダー] ダイアログボックスで数式を作成し、計算結果をテーブルに表示することができます。

■ データ型の変更

データ型を変更する場合、次のフィールドはデータ型を変更できません。
・[フィールドサイズ] プロパティが [レプリケーションID型] に設定されている数値型フィールド
・OLEオブジェクト型フィールド
・添付ファイルフィールド
また、フィールドにデータが含まれるときもほとんどのデータ型を変更できますが、変更するデータ型によっては、一部のデータが削除されることがあります。

操作 ☞ デザインビューでフィールドを追加し、データ型を設定する

次の各フィールドを追加して、データ型を指定しましょう。

フィールド名	データ型
顧客ID	オートナンバー型
顧客名	短いテキスト
フリガナ	短いテキスト
郵便番号	短いテキスト
都道府県	短いテキスト
住所	短いテキスト
電話番号	短いテキスト
初回取引年月日	日付時刻型
はがき案内	Yes/No型

Step 1 [T顧客一覧] テーブルをデザインビューに切り替えます。

❶ [表示] ボタンをクリックします。

Step 2 [ID] フィールドを [顧客ID] フィールドに変更します。

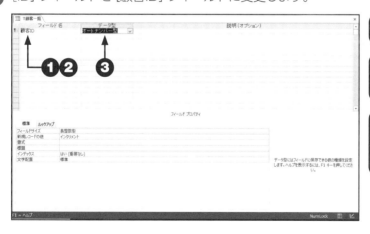

❶ [ID] のセルをクリックします。

❷ 「顧客ID」と入力して、Enterキーを押します。

❸ [データ型] セルに [オートナンバー型] が表示されていることを確認します。

第2章 データベースとテーブルの作成

Step 3 [顧客名] フィールドを追加します。

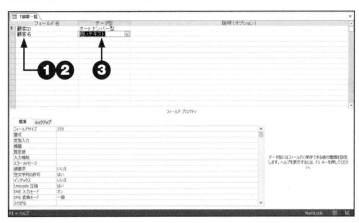

❶ [顧客ID] フィールドの下の [フィールド名] セルをクリックします。

❷ 「顧客名」と入力して、**Enter**キーを押します。

❸ [データ型] セルに [短いテキスト] と自動的に表示されていることを確認します。

💡 **ヒント**
新規フィールドのデータ型
新規に追加したフィールドのデータ型は、既定で [短いテキスト] が設定されます。

Step 4 同様に、[フリガナ]、[郵便番号]、[都道府県]、[住所]、[電話番号]、[初回取引年月日] フィールドを追加します。

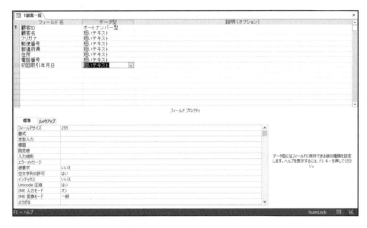

Step 5 [初回取引年月日] フィールドのデータ型を [日付/時刻型] に設定します。

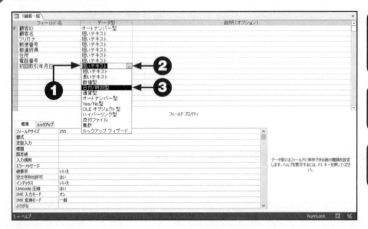

❶ [初回取引年月日] フィールドの [データ型] セルをクリックします。

❷ [データ型] セルの▼をクリックします。

❸ [日付/時刻型] をクリックします。

44　テーブルの作成

Step 6 同様に、[初回取引年月日] フィールドの下に [はがき案内] フィールドを追加して、データ型を [Yes/No型] に設定します。

操作 行を挿入してフィールドを追加する

[フリガナ] フィールドの下に [性別] を追加し、データ型を [短いテキスト] に設定しましょう。

Step 1 [フリガナ] フィールドの下に1行挿入します。

❶ [郵便番号] のフィールドセレクターをクリックします。

❷ [行の挿入] ボタンをクリックします。

Step 2 [性別] フィールドのフィールド名を入力します。

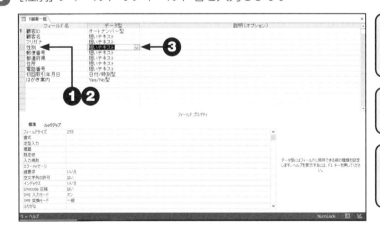

❶ [フリガナ] フィールドの下の [フィールド名] セルをクリックします。

❷ 「性別」と入力して、**Enter**キーを押します。

❸ [データ型] セルに [短いテキスト] と自動的に表示されていることを確認します。

Step 3 フィールド名とデータ型が設定されたことを確認します。

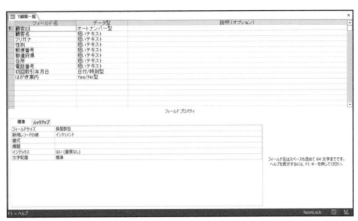

フィールドプロパティ

各フィールドには、フィールド名、データ型の他に、さらに詳細な設定を行うことができます。フィールドの表示や入力方法など、デザインビューで設定するフィールドの属性を「フィールドプロパティ」といいます。

次の表は主なフィールドプロパティについてまとめています。

プロパティ名	説明
フィールドサイズ	短いテキストの場合、入力できる最大の文字の長さを指定します。数値型の場合は、取り扱う数値の範囲を指定します。
書式	データを表示するときの書式を設定します。
小数点以下表示桁数	小数点以下の桁数を設定します。データ型が数値型、通貨型の場合に設定できます。
定型入力	データを入力しやすくするための書式を設定します。
標題	データシートビューやフォーム、レポートのフィールドの見出しを設定します。省略時には、フィールド名が使用されます。
既定値	新しいレコードに自動的に入力される値を設定します。
入力規則	フィールドに入力できる値を制限する条件を設定します。
エラーメッセージ	入力規則に合わないデータが入力されたときに表示するエラーメッセージを設定します。
値要求	Null値を認めず、データの入力を必須とするかどうかを設定します。
空文字列の許可	長さ0の空文字列を入力できるようにするかを設定します。
IME入力モード	フィールドにカーソルが移動したときのIME入力モードを設定します。
IME変換モード	フィールドにカーソルが移動したときのIME変換モードを設定します。
ふりがな	入力された文字列から自動的に作成されたふりがなを表示するフィールドを設定します。
住所入力支援	入力された郵便番号に対応する住所、または入力された住所に対応する郵便番号を指定先に入力します。

💡 ヒント Null値

空白データのことで、何もデータが入力されていない状態のことを指します。

フィールドプロパティは、フィールドのデータ型によって設定内容が異なります。次の表に、データ型が［短いテキスト］、［オートナンバー型］、［数値型］の場合に、［フィールドサイズ］プロ

パティに設定できる値をまとめています。
たとえば、短いテキストで入力する文字数が少ない場合、データに応じて設定値を変更することができます。

データ型	設定値		既定値
短いテキスト	0～255の数値		255
オートナンバー型	長整数型またはレプリケーションID型		長整数型
数値型	バイト型	0～255の範囲の整数	長整数型
	整数型	−32,768～32,767の範囲の整数	
	長整数型	−2,147,483,648～2,147,483,647の範囲の整数	
	単精度浮動小数点型	−3.4 x 10^{38} ～ +3.4 x 10^{38}の範囲の数値 小数点以下の数値も扱えます。	
	倍精度浮動小数点型	−1.797 x 10^{308} ～ +1.797 x 10^{308}の範囲の数値 小数点以下の数値も扱えます。	
	レプリケーションID型	16バイトのグローバル一意識別子（GUID） 重複する可能性がほとんどありません。	
	十進型	−10^{28} ～ +10^{28}の範囲の数値 単精度浮動小数点型や倍精度浮動小数点型よりも精度が高くなります。	

操作 ☞ フィールドサイズを変更する

[顧客名] フィールドのフィールドサイズを「50」に変更しましょう。

Step 1 [顧客名] フィールドのフィールドサイズを変更します。

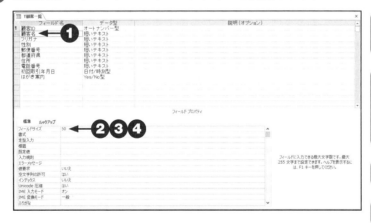

❶ [顧客名] フィールドをクリックします。

❷ [フィールドサイズ] プロパティに表示されている [255] をドラッグして範囲選択して、**Delete**キーを押して削除します。

❸「50」と入力します。

❹ **Enter**キーを押します。

Step 2 同様に、次の各フィールドのフィールドサイズを変更します。
[フリガナ] 50、[性別] 10、[郵便番号] 10、[都道府県] 50、[住所] 100、[電話番号] 50

💡 ヒント　フィールドサイズの値

フィールドサイズは、小さいほど処理速度が向上してメモリも節約できるため、できる限り入力するデータの長さや範囲に適した値を設定します。ただし、データ入力後に現在の値よりも小さい値に変更する場合、既存のデータが失われることがあるので注意が必要です。

操作 ふりがなウィザードでプロパティを設定する

顧客名を入力すると、[フリガナ] フィールドにふりがなが自動的に表示されるように設定しましょう。表示する文字種は全角カタカナにします。

Step 1 ふりがなウィザードを起動します。

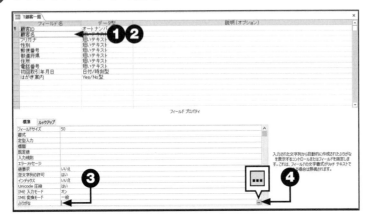

❶ [顧客名] フィールドをクリックします。

❷ [顧客名] フィールドが太線の枠で囲まれたことを確認します。

❸ フィールドプロパティの [ふりがな] プロパティをクリックします。

❹ [ビルド] ボタンをクリックします。

💡 ヒント
[ビルド] ボタン
プロパティによっては、[ビルド] ボタンが表示され、このボタンをクリックすると、ウィザードが起動したり、ダイアログボックスなどが表示され、プロパティの設定を簡単に行うことができます。

Step 2 テーブルの保存メッセージを確認して、[はい] をクリックします。

Step 3 ふりがなの入力先と、表示する文字の種類を指定します。

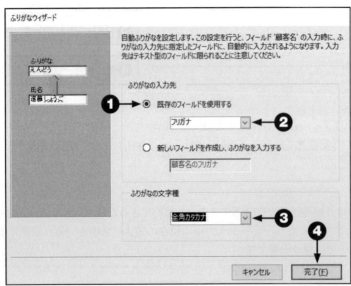

❶ [ふりがなの入力先] の [既存のフィールドを使用する] が選択されていることを確認します。

❷ [既存のフィールドを使用する] ボックスの▼をクリックして、[フリガナ] をクリックします。

❸ [ふりがなの文字種] ボックスの▼をクリックして、[全角カタカナ] をクリックします。

❹ [完了] をクリックします。

Step 4 プロパティの変更のメッセージを確認して、[OK] をクリックします。

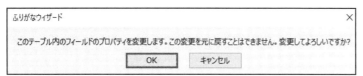

Step 5 [顧客名] フィールドに [ふりがな] プロパティが設定されたことを確認します。

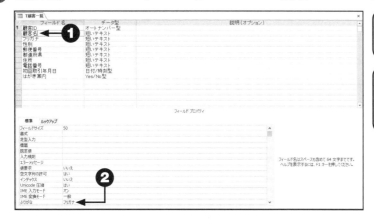

❶ [顧客名] フィールドをクリックします。

❷ [ふりがな] プロパティに [フリガナ] と表示されていることを確認します。

Step 6 [フリガナ] フィールドにプロパティが設定されたことを確認します。

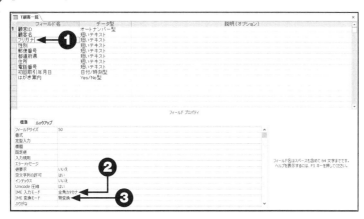

❶ [フリガナ] フィールドをクリックします。

❷ [IME入力モード] プロパティに [全角カタカナ] と表示されていることを確認します。

❸ [IME変換モード] プロパティに [無変換] と表示されていることを確認します。

操作 ☞ 住所入力支援ウィザードでプロパティを設定する

[郵便番号] フィールドに郵便番号を入力すると、[都道府県] フィールドと [住所] フィールドに住所が自動的に表示されるように設定しましょう。

Step 1 住所入力支援ウィザードを起動します。

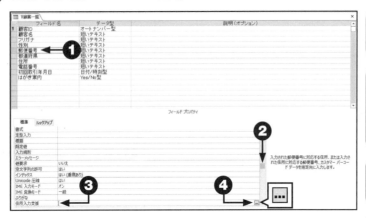

❶ [郵便番号] フィールドをクリックします。

❷ フィールドプロパティで [住所入力支援] プロパティが表示されるまで下方向にスクロールします。

❸ [住所入力支援] プロパティをクリックします。

❹ [ビルド] ボタンをクリックします。

Step 2 郵便番号を入力するフィールドを指定します。

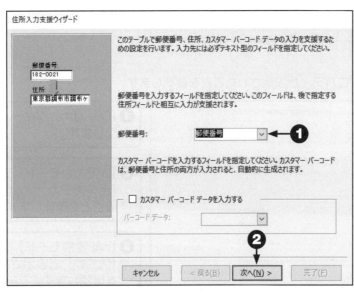

❶ [郵便番号] ボックスの▼をクリックして、[郵便番号] をクリックします。

❷ [次へ] をクリックします。

Step 3 住所を入力するフィールドを指定します。

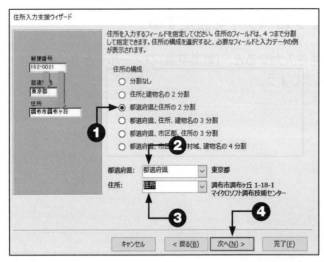

❶ [住所の構成] の [都道府県と住所の2分割] をクリックします。

❷ [都道府県] ボックスの▼をクリックして、[都道府県] をクリックします。

❸ [住所] ボックスの▼をクリックして、[住所] をクリックします。

❹ [次へ] をクリックします。

50 テーブルの作成

Step 4 住所入力支援ウィザードを終了します。

❶ [完了] をクリックします。

💡 **ヒント**
入力動作の確認
住所入力支援ウィザードの最後の画面に表示されるテキストボックスにデータを入力して、動作の確認を行うことができます。

Step 5 プロパティの変更のメッセージを確認して、[OK] をクリックします。

Step 6 [住所入力支援] プロパティが設定されたことを確認します。

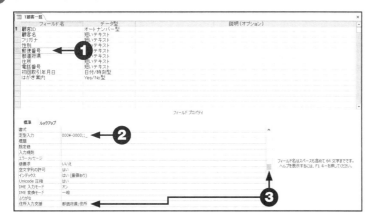

❶ [郵便番号] フィールドをクリックします。

❷ [定型入力] プロパティに、[000¥-0000;;_] と表示されていることを確認します。

❸ 下方向にスクロールして、[住所入力支援] プロパティに [都道府県;住所] と表示されていることを確認します。

⚠️ **重要**　**定型入力に関する注意事項**

[T顧客一覧] テーブルの [郵便番号] フィールドには、[住所入力支援] プロパティを設定したことによって、定型入力が設定されます。テーブルのデータシートビューや、フォームおよびレポートでは、郵便番号の間に「-」が表示されますが、格納されているデータは「-」を含めずに保存されるため、宛名ラベルでは「-」が表示されません。

第2章　データベースとテーブルの作成　51

操作 [定型入力] プロパティを設定する

[初回取引年月日] フィールドに、データ入力時の書式として [__/__/__] (年/月/日) を設定しましょう。

Step 1 定型入力ウィザードを起動します。

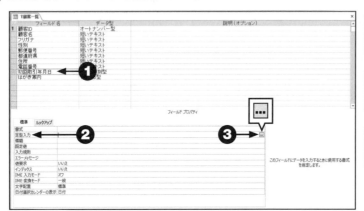

❶ [初回取引年月日] フィールドをクリックします。

❷ [定型入力] プロパティをクリックします。

❸ [ビルド] ボタンをクリックします。

Step 2 定型入力名を指定します。

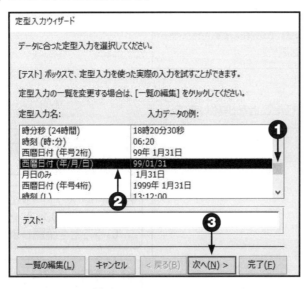

❶ [西暦日付（年/月/日）] が表示されるまで下方向にスクロールします。

❷ [西暦日付（年/月/日）] をクリックします。

❸ [次へ] をクリックします。

Step 3 定型入力の形式と代替文字を指定します。

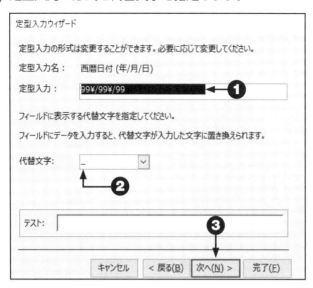

❶ [定型入力] ボックスに [99¥/99¥/99] と表示されていることを確認します。

❷ [代替文字] ボックスに [_] と表示されていることを確認します。

❸ [次へ] をクリックします。

💡 ヒント
入力動作の確認
[テスト] ボックスにデータを入力して動作の確認を行うことができます。

Step 4 定型入力の設定を終了します。

❶ [完了] をクリックします。

Step 5 [定型入力] プロパティが設定されたことを確認します。

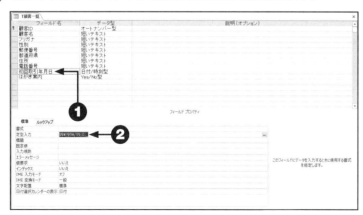

❶ [初回取引年月日] フィールドが選択されていることを確認します。

❷ [定型入力] ボックスに [99¥/99¥/99;0;_] と表示されていることを確認します。

Step 6 クイックアクセスツールバーの 🔳 [上書き保存] ボタンをクリックして、[T顧客一覧] テーブルを上書き保存します。

ヒント　テーブルプロパティ

テーブルプロパティとは、テーブル全体に関するプロパティです。テーブルプロパティを表示するには、[デザイン] タブの [プロパティシート] ボタンをクリックします。

主なテーブルプロパティは、次のとおりです。

■ [説明] プロパティ

テーブル全体の説明です。必要に応じてテーブル作成時のメモ（定義更新の日付など）を入力します。

■ [入力規則] プロパティ

テーブルに定義されているフィールド間の入力規則です。たとえば、レコード内で [退社年月日] フィールドに入力するには、[入社年月日] フィールドの日付よりも以降の日付を入力しなければならないなどの規則を設定します。

■ [エラーメッセージ] プロパティ

テーブルに設定された入力規則に違反した入力が行われたときに表示されるエラーメッセージを設定します。入力規則のチェックは、レコードを保存するときに行われます。

主キー

主キーとは、テーブル内のレコードが他のレコードと区別されるためのフィールド、つまり、そのフィールドを選択すると必ず1つのレコードに決まるというフィールド、またはフィールドの組み合わせのことです。主キーを設定したフィールドには、重複する値や空白の値を入力することができなくなります。

たとえば、社員名簿の場合、次の図のように [社員名] フィールドを主キーにしてしまうと、同姓同名の場合に区別ができなくなってしまいます。しかし、社員IDであれば、必ず1件のデータ（レコード）に1つの社員IDを設定することができます。このように、1つのテーブルの中に、重複しないルールが確立されているデータがあれば、そのフィールドを主キーに設定します。一般的には、社員名簿の [社員ID] フィールド、顧客名簿の [顧客ID] フィールド、商品一覧表の [商品コード] フィールドなどがこれに相当します。

■ オートナンバー型の主キー

テーブルを新規に作成すると、最初に主キーが設定された［ID］フィールドが自動作成され、データ型は［オートナンバー型］が設定されます。また、任意に作成したフィールド名のデータ型をオートナンバー型に設定することもできます。
オートナンバー型を設定すると、そのフィールドに1から始まり1ずつ自動的に増えていく番号が自動的に設定されるため、データの重複を防ぐことができます。
なお、オートナンバー型のフィールドは、1つのテーブルに1つだけ作成できます。

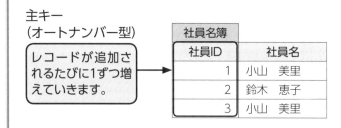

操作 主キーを確認する

［T顧客一覧］テーブルに設定されている主キーを確認しましょう。

Step 1 ［顧客ID］フィールドに主キーが設定されていることを確認します。

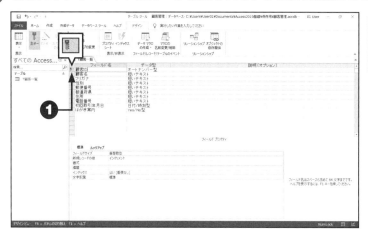

❶ フィールドセレクターに主キーのアイコンが表示されていることを確認します。

ヒント 手動での主キーの設定

［作成］タブの ［テーブル］ボタンをクリックしてデータシートビューで作成する場合は、初めから表示されている［ID］フィールドが、自動的に主キーに設定されています。 ［テーブルデザイン］ボタンで作成する場合には、手動で主キーを設定します。
主キーを手動で設定するには、デザインビューでフィールドを選択して、［デザイン］タブの ［主キー］ボタンをクリックします。

テーブルのデータシートビュー

データシートビューは、データを表示している画面で、データの入力、削除、編集を行うことができます。また、データシートの列幅など書式を自由に変更することができます。

データシートビューは、テーブルのデータを一覧表形式で表示し、フィールドとレコードで構成されています。列幅はデータに応じて変更することができます。

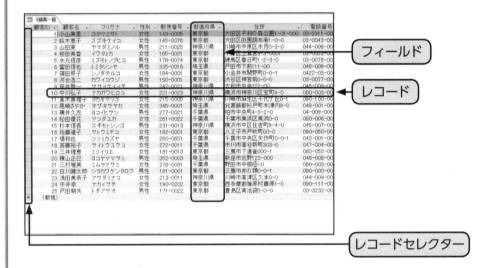

■ フィールド
設定されたデータ型による、同じ種類のデータが格納されています。

■ レコード
1行に1件のデータが表示されます。

■ レコードセレクター
レコードの選択や、現在の状態確認に使用します。
レコードセレクターに表示されるアイコンの意味は、次のとおりです。

レコードセレクターのアイコン	内容
アイコンの表示なし	保存されているレコード
✐	編集中のレコード
✱	新規レコード

■ フィールドの間の移動
データを入力後に次のフィールドにカーソルを移動するには、次の方法があります。
・**Tab**キーまたは**Enter**キーを押します。
・移動先のフィールドをマウスでクリックします。

■ フィールドの列幅の変更
フィールドの列幅はフィールド名の右側の境界線にマウスポインターを合わせ、次のような操作をして変更します。
・ダブルクリックすると、フィールド内の一番長い文字列に合わせて自動調整します。
・ドラッグすると、手動で任意の幅に調整できます。

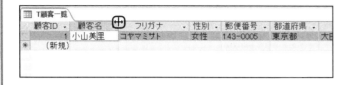

データの入力と保存

データシートビューで入力したデータは、保存作業を行わなくても次の操作をすると自動的に保存されます。
・レコードセレクターをクリックしたとき
・他のレコードへ移動したとき
・テーブルを閉じたとき

操作 ☞ 新規にレコードを入力して、設定したプロパティを確認する

[T顧客一覧]テーブルに次のデータを入力して、IME入力モード、ふりがなの表示、住所の表示、定型入力を確認しましょう。

フィールド名	入力内容
顧客ID	1（オートナンバー型のため自動入力されます）
顧客名	小山美里
フリガナ	コヤマミサト（自動的に表示されます）
性別	女性
郵便番号	143-0005（「-」は自動的に表示されます）
都道府県	東京都
住所	大田区平和の森公園1-01-000（住所は自動的に表示されます。番地は入力します）
電話番号	03-3311-0000
初回取引年月日	13/05/20（「/」は自動的に表示されます）
はがき案内	オン

Step 1 データシートビューに切り替えます。

❶ [表示] ボタンをクリックします。

Step 2 データシートビューに切り替わります。

Step 3 顧客名を入力します。

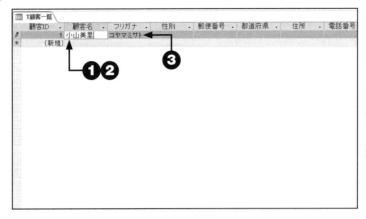

❶ Tabキーを押して、[顧客名] フィールドにカーソルを移動します。

❷ [顧客名] フィールドに「小山美里」と入力します。

❸ [フリガナ] フィールドに [コヤマミサト] と表示されていることを確認します。

💡 ヒント
フィールドの移動方法
入力した後、Enterキーや方向キーを使用しても、フィールド間でカーソルを移動することができます。

Step 4 性別を入力します。

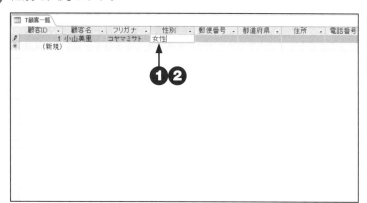

❶ **Tab**キーを2回押して、[性別] フィールドにカーソルを移動します。

❷ [性別] フィールドに「女性」と入力します。

Step 5 郵便番号と住所の続きを入力します。

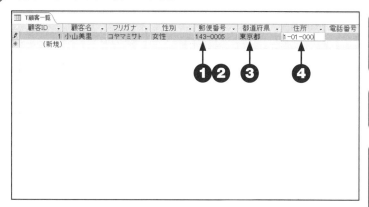

❶ **Tab**キーを押して、[郵便番号] フィールドにカーソルを移動します。

❷ [郵便番号] フィールドに「1430005」と入力します。

❸ [都道府県] フィールドに [東京都]、[住所] フィールドに [大田区平和の森公園] と表示されたことを確認します。

❹ [住所] フィールドの「平和の森公園」の「園」の右側をクリックして、「1-01-000」と入力します。

💡 ヒント
データの編集

F2キーを押すとフィールドの全データ選択と編集モードの切り替えができます。編集モードでは、データの末尾にカーソルが移動します。

Step 6 電話番号を入力します。

❶ **Tab**キーを押して、[電話番号] フィールドにカーソルを移動します。

❷ [電話番号] フィールドに「03-3311-0000」と入力します。

Step 7 初回取引年月日を入力します。

❶ **Tab**キーを押して、[初回取引年月日] フィールドにカーソルを移動します。

❷ [初回取引年月日] フィールドに「130520」と入力します。

Step 8 はがき案内の値を指定します。

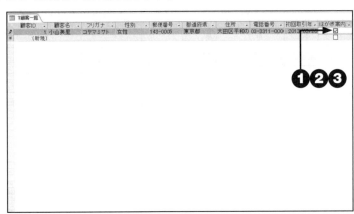

❶ **Tab**キーを押して、[はがき案内] フィールドに移動します。

❷ [はがき案内] フィールドのチェックボックスがオフになっていることを確認します。

❸ マウスでクリックしてチェックボックスをオンにします。

💡 **ヒント**
Yes/No型のデータの表示
データ型にYes/No型を指定すると既定ではチェックボックスが表示され、マウスのクリックまたはスペースキーで値を変更することができます。チェックボックスがオンの状態がYes、オフの状態がNoです。

Step 9 入力したデータを保存します。

❶ レコードセレクターの記号が 🖉 であることを確認します。

❷ レコードセレクターをクリックします。

Step 10 レコードが保存されます。

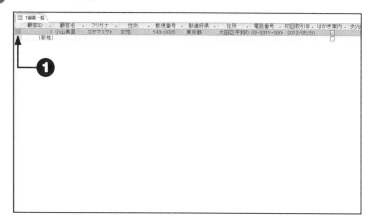

❶ レコードセレクターにアイコンが何も表示されていないことを確認します。

💡 ヒント　レコードの入力の取り消し

レコードの入力を取り消すには、次の2つの方法があります。
- レコードセレクターのアイコンが 🖉 の場合は、データの編集中で保存されていないため、**Esc**キーを押すと、フィールドへの入力を取り消すことができます。さらに**Esc**キーを押すと、レコードの入力を取り消すことができます。
- 入力したデータを保存した直後や、他のレコードに移動した直後に入力を取り消す場合には、クイックアクセスツールバーの ⟲ [元に戻す]ボタンをクリックします。

他のレコードの編集を開始した場合やフィールドを追加または削除した場合には、入力を取り消すことはできません。

💡 ヒント　レコードの削除

レコードを削除するには、削除したいレコードを選択して、[ホーム]タブの ✕削除 ▼ [削除]ボタンをクリックするか、レコードを選択して**Delete**キーを押します。削除したレコードは元に戻すことはできないので、注意が必要です。

第2章　データベースとテーブルの作成

データシートの書式設定

データシートのフォントやフォントサイズなどの書式の設定、変更は、[ホーム] タブの [テキストの書式設定] グループのオプションを使用します。また、列幅を変更する場合は、変更したいフィールド名の右側の境界線をダブルクリックすると自動調整、ドラッグすると任意の列幅に変更できます。

操作 ☞ 列幅を自動調整する

[顧客ID] フィールドから [住所] フィールドまでを自動調整して、[電話番号] フィールドと [初回取引年月日] フィールドを任意の幅に変更しましょう。

Step 1 [顧客ID] フィールドから [住所] フィールドまでを自動調整します。

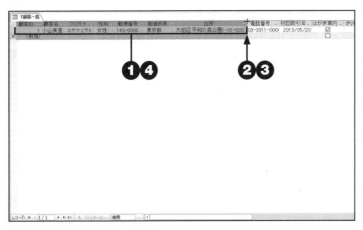

❶ [顧客ID] フィールドから [住所] フィールドまでのフィールド名をドラッグして選択します。

❷ [住所] フィールド名の右側の境界線をポイントします。

❸ マウスポインターの形が ✣ になったらダブルクリックします。

❹ 列幅がデータに合わせて調整されたことを確認します。

💡 ヒント
マウスをダブルクリックする位置
範囲選択したフィールド名であれば、どのフィールド名の境界線でもかまいません。

Step 2 [電話番号] フィールドと [初回取引年月日] フィールドをドラッグして調整します。

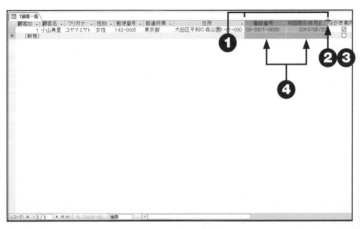

❶ [電話番号] フィールドから [初回取引年月日] フィールドまでのフィールド名をドラッグして選択します。

❷ [初回取引年月日] フィールドの右側の境界線をポイントします。

❸ マウスポインターの形が ✣ になったらフィールド名の [初回取引年月日] がすべて表示されるまで右方向にドラッグします。

❹ 列幅が調整されたことを確認します。

Step 3 ｜×｜ 'T顧客一覧' を閉じるボタンをクリックして、[T顧客一覧] テーブルを閉じます。

Step 4 レイアウトの変更のメッセージを確認して、[はい] をクリックします。

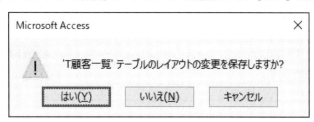

💡 ヒント
レイアウト変更に関する保存
列幅や行の高さの変更などデータシートの外観の変更には、保存の操作が必要です。保存せずに閉じようとすると、レイアウトの変更に関するメッセージが表示されます。

💡 ヒント　データシートのフォントやフォントサイズの変更
[ホーム] タブの [テキストの書式設定] グループのオプションを使用すると、データシートのフォントやフォントサイズ、スタイルなどを変更することができます。この変更方法は、設定したテーブルのみで有効です。

他のテーブルや他のデータベースにも共通の書式を設定するには、[ファイル] タブの [オプション] をクリックして、[Accessのオプション] ダイアログボックスの [データシート] で設定します。

その他のデータの活用

テーブルは新規に作成する以外に、既存のデータベースのオブジェクトや、Excelで作成したリストなどのデータを利用することができます。

Accessでは、既存のデータベースのオブジェクトやExcelのデータなどを「インポート」し、データベースオブジェクトに追加したり、リンクを設定して、あたかもデータベースのオブジェクトであるかのように表示することができます。また、Accessのデータを「エクスポート」して、Excelのファイルを作成し、データ分析などに活用できます。
Accessで利用できる外部のデータとしては、他のデータベース、Excelのデータ、テキストファイル(区切り記号付きテキストファイル、固定幅テキストファイル)、HTMLドキュメント、XMLファイルなどがあります。また、Access 2019では、dBASEファイルも利用できます。

■ インポート
インポートとは、Excelやテキストファイルなど異なる形式のデータをAccessのデータ形式に変換して取り込む機能です。インポートされたデータは、元のファイルのデータと関連はなく独立したものになります。
新規のテーブルとして保存することも、既存のテーブルにデータを追加することもできます。

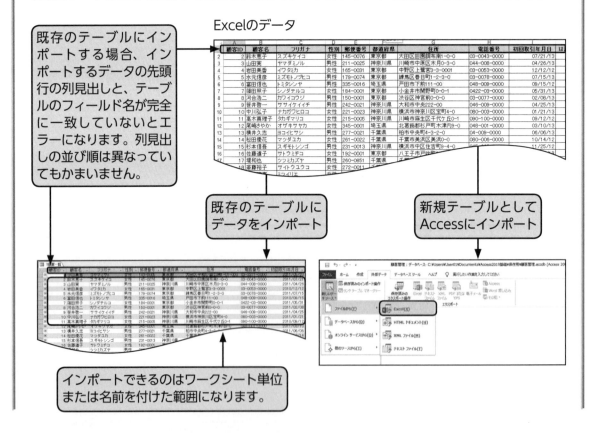

■ エクスポート

インポートとは逆に、Accessで作成したデータをテキストファイルやExcelなど、他のアプリケーションのデータとして書き出す機能です。インポート同様に、元のデータはそのまま残り、エクスポート先ではデータがコピーされて書き出されます。

エクスポートの方法は、エクスポートしたいテーブルを選択し、[外部データ] タブの [エクスポート] グループで、エクスポートしたいファイルの種類のボタンをクリックします。

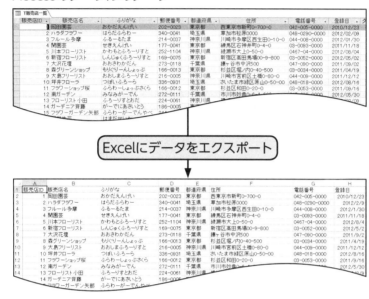

データのインポート

外部のデータをインポートして、データを活用することができます。

操作 ☞ Excelで作成したデータをインポートする

[T顧客一覧] テーブルに、Excelで作成したファイル [顧客名簿] のシート [顧客一覧] のデータをインポートしましょう。

Step 1 [外部データの取り込みーExcelスプレッドシート] ダイアログボックスを開きます。

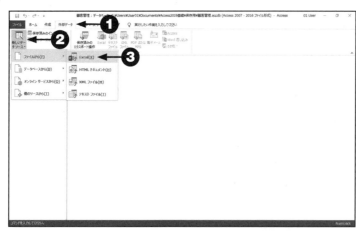

❶ [外部データ] タブをクリックします。

❷ [新しいデータソース] ボタンをクリックします。

❸ [ファイルから] をポイントし、[Excel] をクリックします。

💡 ヒント
インポート先のテーブル
インポート先のテーブルは閉じている必要があります。テーブルを開いていると、データをインポートできないため、テーブルを閉じるメッセージが表示されます。

Step 2 データの取得元を指定します。

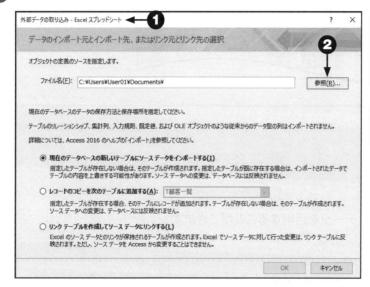

❶ [外部データの取り込みーExcelスプレッドシート] ダイアログボックスが開いたことを確認します。

❷ [ファイル名] ボックスの右側の [参照] をクリックします。

Step 3 インポートするファイルを指定します。

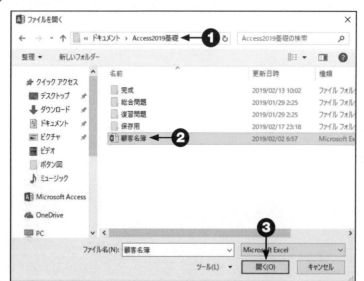

❶ [ファイルを開く] ダイアログボックスのフォルダー一覧の [Access2019基礎] をクリックして [開く] をクリックします。

❷ [顧客名簿] をクリックします。

❸ [開く] をクリックします。

Step 4 現在のデータベースへのデータの保存方法と保存場所を指定します。

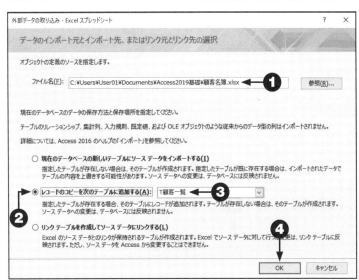

❶ [ファイル名] ボックスに「顧客名簿.xlsx」のファイル名が表示されていることを確認します。

❷ [レコードのコピーを次のテーブルに追加する] をクリックします。

❸ [テーブル名] ボックスに [T顧客一覧] と表示されていることを確認します。

❹ [OK] をクリックします。

Step 5 スプレッドシートインポートウィザードが起動します。

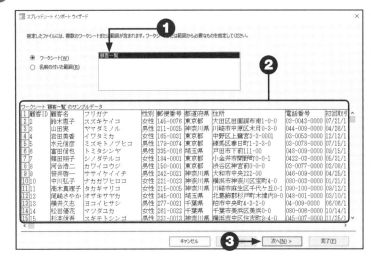

❶ [ワークシート] が選択され、[顧客一覧] と表示されていることを確認します。

❷ インポート元のExcelデータが表示されていることを確認します。

❸ [次へ] をクリックします。

💡 ヒント

ワークシートの一部分のインポート
あらかじめ、Excel側でインポートを行うセル範囲に名前を設定しておくと、[スプレッドシートインポートウィザード] ダイアログボックスの [名前の付いた範囲] をクリックして、ワークシートの一部をインポートすることができます。

第2章 データベースとテーブルの作成

Step 6 Excelの先頭行がフィールド名として設定されていることを確認します。

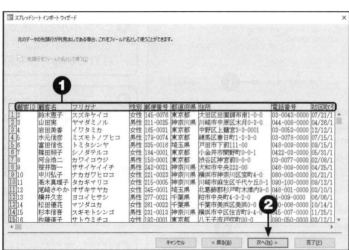

❶ フィールド名とデータが区切られていることを確認します。

❷ [次へ] をクリックします。

Step 7 インポートを終了します。

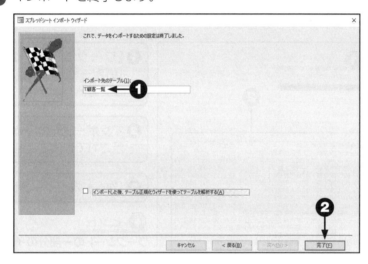

❶ [インポート先のテーブル] ボックスに [T顧客一覧] と表示されていることを確認します。

❷ [完了] をクリックします。

Step 8 インポート操作は保存せずにスプレッドシートインポートウィザードを終了します。

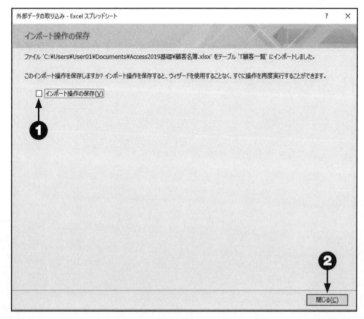

❶ [インポート操作の保存] チェックボックスがオフになっていることを確認します。

❷ [閉じる] をクリックします。

💡 ヒント
インポート操作の保存

[インポート操作の保存] チェックボックスをオンにすると、実行したインポートの操作手順が保存でき、再度実行することができます。保存したインポートの操作手順は、[外部データ] タブの [保存済みのインポート操作] [保存済みのインポート操作] ボタンをクリックして実行します。

Step 9 データをインポートした [T顧客一覧] テーブルを開きます。

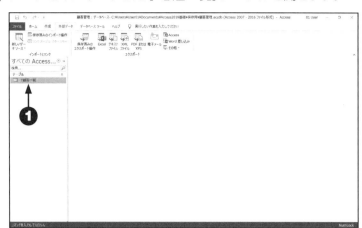

❶ ナビゲーションウィンドウの [T顧客一覧] テーブルをダブルクリックします。

Step 10 2行目以降にインポートしたデータが表示されていることを確認します。

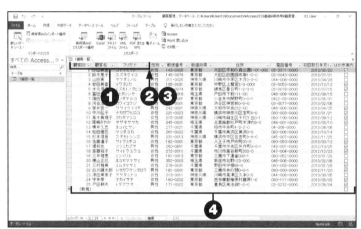

❶ [顧客名] フィールドから [フリガナ] フィールドまでのフィールド名をドラッグして範囲選択します。

❷ [フリガナ] フィールド名の右側の境界線をポイントします。

❸ マウスポインターの形が ✛ になったら、ダブルクリックします。

❹ 範囲選択を解除して、データを確認します。

Step 11 クイックアクセスツールバーの 🔲 [上書き保存] ボタンをクリックして、[T顧客一覧] テーブルを上書き保存します。

Step 12 × 'T顧客一覧' を閉じるボタンをクリックして、[T顧客一覧] テーブルを閉じます。

💡 ヒント　新規テーブルへのデータのインポート

新規テーブルにデータをインポートする場合は、[外部データの取り込みーExcelスプレッドシート] ダイアログボックスの [現在のデータベースの新しいテーブルにソースデータをインポートする] をクリックします。[OK] をクリックすると起動されるスプレッドシートインポートウィザードで、先頭行をフィールド名に指定するかどうか、データ型の選択、そのフィールドをインポートするかしないか、主キーを自動的に指定するか、既存のフィールド (Excelの列) に指定するかなどを設定できます。

第 2 章　データベースとテーブルの作成

操作☞ Accessで作成したテーブルをインポートする

Accessで作成したデータベース「売上管理（インポート用）」の［商品一覧］、［売上一覧］、［販売店一覧］の3つのテーブルをインポートしましょう。

Step 1 ［外部データの取り込み－Accessデータベース］ダイアログボックスを開きます。

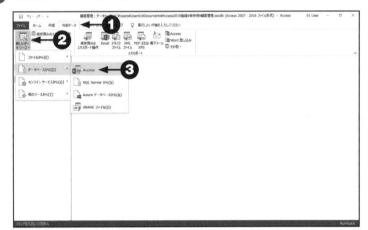

❶ ［外部データ］タブが選択されていることを確認します。

❷ ［新しいデータソース］ボタンをクリックします。

❸ ［データベースから］をポイントし、［Access］をクリックします。

Step 2 データの取得元を指定します。

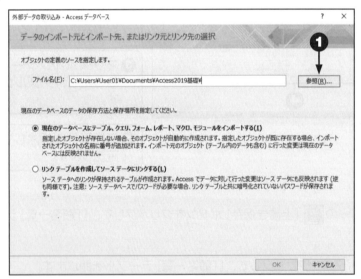

❶ ［ファイル名］ボックスの右側の［参照］をクリックします。

70　その他のデータの活用

Step 3 インポートするファイルを指定します。

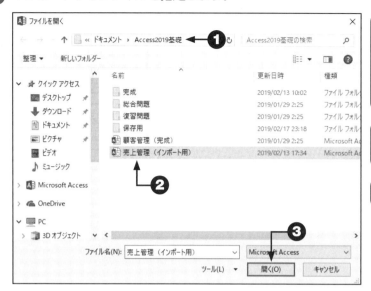

❶ [ファイルを開く] ダイアログボックスの [ファイルの場所] ボックスに [Access2019基礎] と表示されていることを確認します。

❷ [売上管理（インポート用）] をクリックします。

❸ [開く] をクリックします。

Step 4 現在のデータベースへのデータの保存方法と保存場所を指定します。

❶ [ファイル名] ボックスに「売上管理（インポート用）.accdb」のファイル名が表示されていることを確認します。

❷ [現在のデータベースにテーブル、クエリ、フォーム、レポート、マクロ、モジュールをインポートする] が選択されていることを確認します。

❸ [OK] をクリックします。

Step 5 インポートするオブジェクトを選択します。

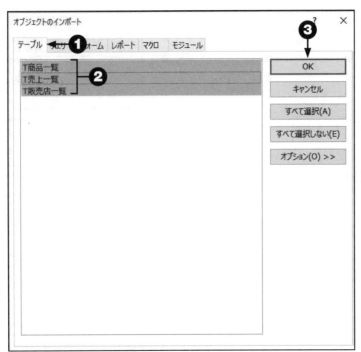

❶ [オブジェクトのインポート] ダイアログボックスが開き、[テーブル] タブが選択されていることを確認します。

❷ [T商品一覧]、[T売上一覧]、[T販売店一覧] をクリックします。

❸ [OK] をクリックします。

Step 6 インポート操作は保存せずにウィザードを終了します。

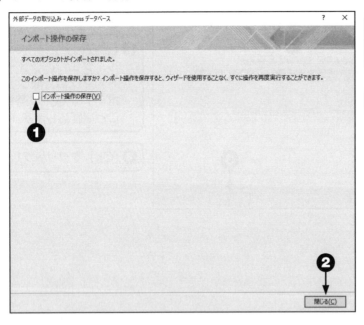

❶ [インポート操作の保存] チェックボックスがオフになっていることを確認します。

❷ [閉じる] をクリックします。

Step 7 [T商品一覧]、[T売上一覧]、[T販売店一覧] のテーブルがインポートされます。

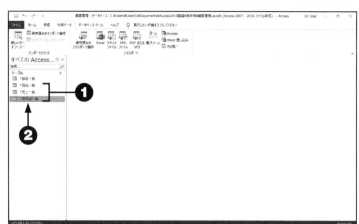

❶ ナビゲーションウィンドウのテーブルの一覧に [T商品一覧]、[T売上一覧]、[T販売店一覧] の3つのテーブルが追加されていることを確認します。

❷ ナビゲーションウィンドウの [T販売店一覧] テーブルをダブルクリックします。

Step 8 インポートしたデータが表示されていることを確認します。

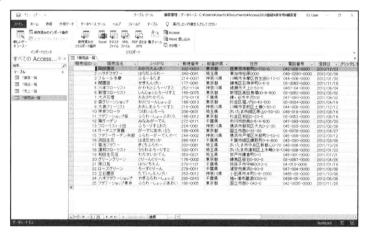

Step 9 ✕ 'T販売店一覧' を閉じるボタンをクリックして、[T販売店一覧] テーブルを閉じます。

データのエクスポート

Accessで作成したデータを、他のアプリケーションのデータとして書き出すことができます。

操作 ☞ テーブルのデータをExcelワークシートにエクスポートする

[T販売店一覧] テーブルのデータをExcelワークシートにエクスポートしましょう。

Step 1 [エクスポート－Excelスプレッドシート] ダイアログボックスを開きます。

❶ ナビゲーションウィンドウで [T販売店一覧] テーブルが選択されていることを確認します。

❷ [外部データ] タブが選択されていることを確認します。

❸ [Excel] ボタンをクリックします。

Step 2 エクスポート先のファイル名および保存先と、ファイル形式を指定します。

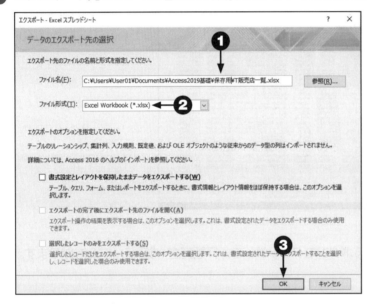

❶ [ファイル名] ボックスの「¥T販売店一覧.xlsx」の「¥」の左側をクリックして、「¥保存用」と入力します。

❷ [ファイル形式] ボックスに [Excel Workbook (*.xlsx)]と表示されていることを確認します。

❸ [OK] をクリックします。

💡 ヒント
エクスポート先のファイル名

[ファイル名] ボックスの右側の [参照] をクリックすると、保存先のフォルダーやファイル名を変更することができます。

💡 ヒント
エクスポートのオプション

[書式設定とレイアウトを保持したままデータをエクスポートする] チェックボックスをオンにしておくと、テーブルで設定していた書式情報をExcelワークシートでも引き継ぐことができます。

Step 3 エクスポート操作を保存せずにエクスポートを完了します。

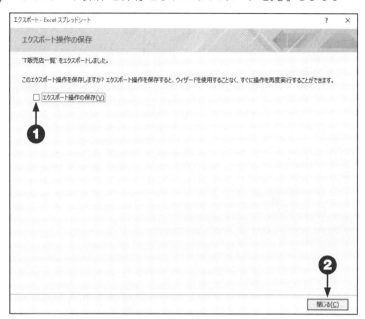

❶ [エクスポート操作の保存] チェックボックスがオフになっていることを確認します。

❷ [閉じる] をクリックします。

Step 4 Windows 10のスタート画面を表示します。

❶ 画面左下をマウスでポイントし、[スタート] ボタンをクリックします。

Step 5 Excelを起動します。

❶ [Excel] をクリックします。

Step 6 Excelの[開く]画面を開きます。

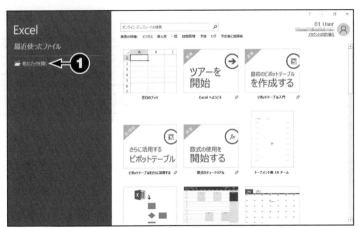

❶[他のブックを開く]をクリックします。

Step 7 ファイルを開きます。

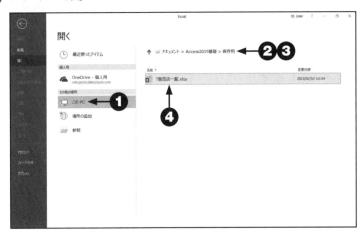

❶[このPC]をクリックします。

❷[Access2019基礎]をクリックします。

❸[保存用]をクリックします。

❹[T販売店一覧]をクリックします。

Step 8 エクスポートされたデータを確認します。

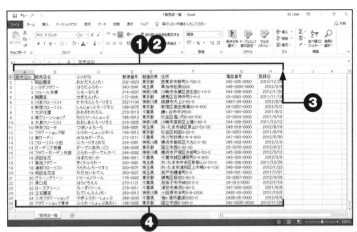

❶[販売店ID]から[登録日]までのフィールド名が入力されていることを確認します。

❷A列からH列までをドラッグして範囲選択します。

❸H列の右側の境界線をポイントして、マウスポインターの形が✛になったらダブルクリックします。

❹範囲選択を解除して、[販売店ID]が「1」から「25」までのレコードが入力されていることを確認します。

76　その他のデータの活用

Step 9 クイックアクセスツールバーの 🔲 [上書き保存] ボタンをクリックして、T販売店一覧ファイルを上書き保存します。

Step 10 ✕ 閉じるボタンをクリックして、Excelを終了します。

💡 ヒント　日付の表示
Excelにデータをエクスポートすると、日付の形式は月と日の「0」を省略した形式になります。

💡 ヒント　リンクとは
リンクとは、外部データをあたかも現在開いているデータベースにあるように共有して表示する機能です。データそのものは、元の形式のまま維持され、Accessの通常のテーブルと同じようにアクセスすることができます。リンクを行う場合は、[外部データの取り込み] ダイアログボックスの [データのインポート元とインポート先、またはリンク元とリンク先の選択] で [リンクテーブルを作成してソースデータにリンクする] を選択します。

ただし、Accessのテーブルをリンクした場合、デザインの変更はできません。フィールドの追加や削除、フィールドプロパティやデータ型の変更は、リンク元のデータベースで行う必要があります。書式、定型入力など一部のプロパティの変更はできますが、元のテーブルには反映しません。また、Excelのワークシートをリンクした場合、データの表示はできますが、変更はできません。変更するには、Excelを使用する必要があります。

フィルター

フィルターとは、目的にあったデータを一時的に表示する機能です。フィルターを使用すると、データシートビューで条件に合うレコードを抽出することができます。

同じ条件で何度も繰り返し抽出を行う場合にはクエリを使用しますが、データシートビューで一時的に条件に合うデータを抽出するには、「フィルター」を使用すると便利です。

■ オートフィルター

一般的なフィルターは、OLEオブジェクトフィールドや計算値を表示するフィールドを除くすべての種類のフィールドに備わっています。抽出条件に使用したいフィールドの▼をクリックすると、そのフィールド内に入力されているすべてのデータが表示され、どのデータに合致するものを抽出するのかを設定できます。

たとえば、次のように[都道府県]フィールドが「東京都」と「神奈川県」のデータなど、複数の条件に合うデータの抽出もできます。

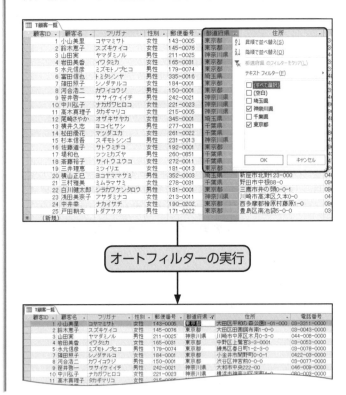

78 フィルター

■ 選択フィルター

表示されているデータシート上で、一致するデータをあらかじめ範囲選択し、[ホーム] タブの [選択] ボタンをクリックすると、どのような一致条件で抽出するかの選択肢が表示され、フィールドのデータの一部分、または全部と一致するデータを持つレコードが抽出されます。

たとえば、次のように [販売店名] フィールドに「フラワー」という文字が含まれているデータを抽出することができます。

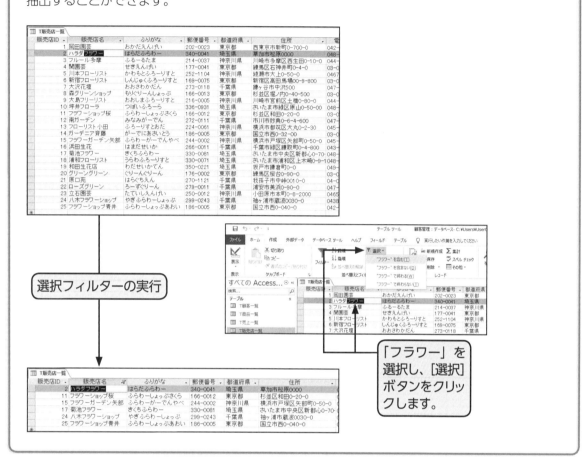

操作 ☞ オートフィルターを使用してデータを抽出する

[T販売店一覧] テーブルから [都道府県] フィールドが「千葉県」の販売店を抽出しましょう。

Step 1 テーブルを開きます。

❶ ナビゲーションウィンドウの [T販売店一覧] をダブルクリックします。

第 2 章 データベースとテーブルの作成 | 79

Step 2 フィルターを表示します。

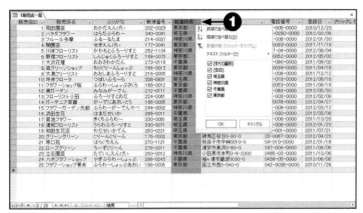

❶ [都道府県] フィールドの▼をクリックします。

Step 3 条件を設定します。

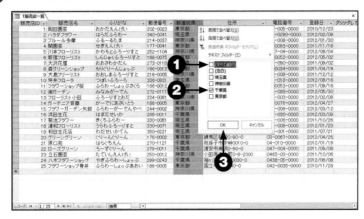

❶ [(すべて選択)] のチェックボックスをオフにします。

❷ [千葉県] のチェックボックスをオンにします。

❸ [OK] をクリックします。

Step 4 実行結果が表示されます。

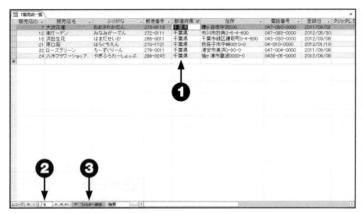

❶「千葉県」のデータだけが表示されていることを確認します。

❷ 抽出されたレコードの件数が [6] と表示されていることを確認します。

❸ [フィルター適用] と表示されていることを確認します。

ヒント
フィルターの実行

テーブルを閉じるまでは、最後に実行したフィルターが保存されています。[フィルターの実行] ボタンをクリックすると、直前に実行された条件でフィルターが実行されて、結果が表示されます。

Step 5 フィルターを解除します。

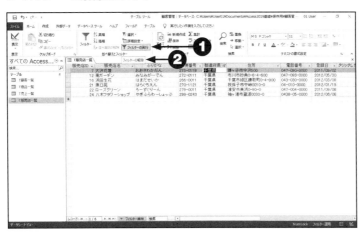

❶ [ホーム] タブの [フィルターの実行] ボタンをポイントします。

❷ ポップヒントに [フィルターの解除] と表示されていることを確認したらクリックします。

💡 ヒント
フィルターの実行と解除

フィルターが実行されると、マウスをポイントすると [フィルターの解除] とポップヒントが表示され、フィルターを解除するボタンになります。クリックすると、フィルターが解除されて、すべてのレコードが表示されます。

操作 ☞ 選択フィルターを使用して同じ文字列が含まれるデータを抽出する

[T販売店一覧] テーブルから「フラワー」が含まれる販売店名を抽出しましょう。

Step 1 条件を指定します。

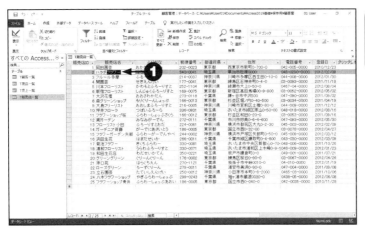

❶ [販売店名] フィールドの中の「フラワー」の文字をドラッグして範囲選択します。

Step 2 選択フィルターを実行します。

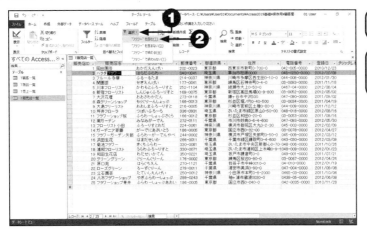

❶ [選択] ボタンをクリックします。

❷ ["フラワー" を含む] をクリックします。

第2章 データベースとテーブルの作成 **81**

Step 3 選択フィルターが実行され、結果が表示されます。

❶「フラワー」という文字列が含まれるデータだけが表示されていることを確認します。

❷ 抽出されたレコードの件数が [6] と表示されていることを確認します。

❸ [フィルター適用] と表示されていることを確認します。

Step 4 フィルターを解除します。

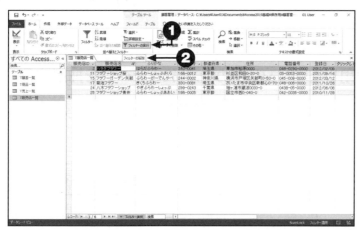

❶ [ホーム] タブの [フィルターの実行] ボタンをポイントします。

❷ ポップヒントに [フィルターの解除] と表示されていることを確認したらクリックします。

Step 5 ✕ 'T販売店一覧' を閉じるボタンをクリックして、[T販売店一覧] テーブルを閉じます。

Step 6 テーブル変更の保存のメッセージを確認して、[はい] をクリックします。

ヒント　テーブル変更の保存メッセージ
フィルター操作を行った後でテーブルを保存せずに閉じようとすると、変更の保存を確認するメッセージが表示されます。[はい] をクリックすると、最後に実行したフィルターの内容が保存され、次にテーブルを開いたときに、[フィルターの実行] ボタンをクリックするだけで、そのフィルターが実行されます。[いいえ] をクリックすると、実行したフィルターの内容を保存せずにテーブルが閉じられます。

ヒント　部分一致の検索について
データの一部分を選択して[選択] ボタンをクリックすると、選択肢が表示されます。
どの部分が選択されているかによって表示される選択肢は、次のように異なります。

選択した文字列（フラワー）の前後に文字がある場合の選択肢
八木フラワーショップ → 「を含む」、「を含まない」

選択した文字列（フラワー）が先頭の場合の選択肢
フラワーショップ桜 → 「で始まる」、「で始まらない」、「を含む」、「を含まない」

選択した文字列（フラワー）が末尾の場合の選択肢
ハラダフラワー → 「を含む」、「を含まない」、「で終わる」、「で終わらない」

ヒント　フォームフィルター
データシートビューで、[ホーム] タブの [詳細設定] ボタンをクリックして [フォームフィルター] をクリックすると、条件を入力するための空のデータシートが表示されます。このデータシートに条件を入力して、[フィルターの実行] ボタンをクリックすると、条件に合ったレコードが抽出されます。

[T顧客一覧] テーブルの [都道府県] フィールドが「千葉県」のデータの抽出

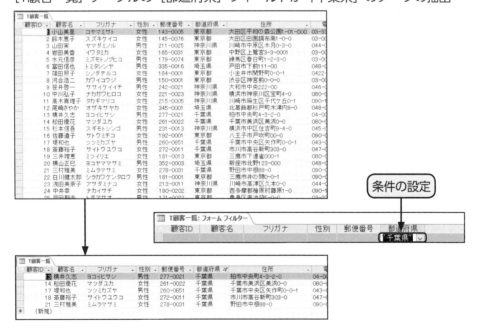

第2章　データベースとテーブルの作成

フォームフィルターでは、複数のフィールドに条件を設定した「AND条件」や、1つのフィールドに複数の条件を設定した「OR条件」などを使用することもできます。
AND条件（複数の条件を満たすとき）を設定するには、データシート下部の［抽出条件］シートの同じ行に条件を設定します。
たとえば、［都道府県］フィールドが「東京都」、［性別］フィールドが「女性」のデータを抽出するには、次のように設定します。

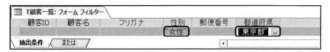

OR条件（複数の条件でいずれかを満たすとき）を指定するには、データシート下部の［または］シートを使用して設定します。
たとえば、［都道府県］フィールドが「東京都」または「千葉県」のデータを抽出する場合は、［抽出条件］シートに「東京都」を、［または］シートに「千葉県」を設定します。

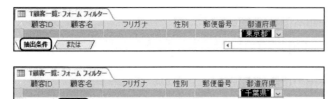

複数テーブル間のリレーションシップの作成

Accessは、テーブル間に関連性を持たせることができる「リレーショナルデータベース」と呼ばれるデータベース管理システムです。リレーショナルデータベースでは、1つのデータベースの中に複数のテーブルを作成して関連付けると、必要なときに他のテーブルのデータを参照して利用することができます。

データを1つの大きなテーブルで管理する場合と、2つのテーブルに分けて管理する場合を考えてみます。
ここでは、一般的な受注管理システムを例に説明します。

■ 1つのテーブルで管理した場合

売上一覧表を作成する場合、購入日ごとに「顧客名」と「商品」を管理したいときに、1つのテーブルで作成すると、次のようになります。

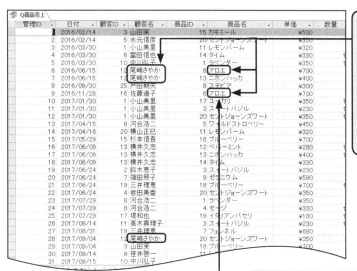

[顧客ID]、[顧客名]、[商品ID]、[商品名]に何度も同じデータを入力しなければならないため、手間がかかるうえ入力ミスをする可能性があります。

「商品名」に変更があった場合、すべての名前を修正しなくてはなりません。

第2章 データベースとテーブルの作成　85

■ 複数のテーブルに分けて管理した場合

売上一覧を管理するときには、「顧客」の情報を管理するテーブルと、「商品」の情報を管理するテーブルに分けると効率よく管理することができます。

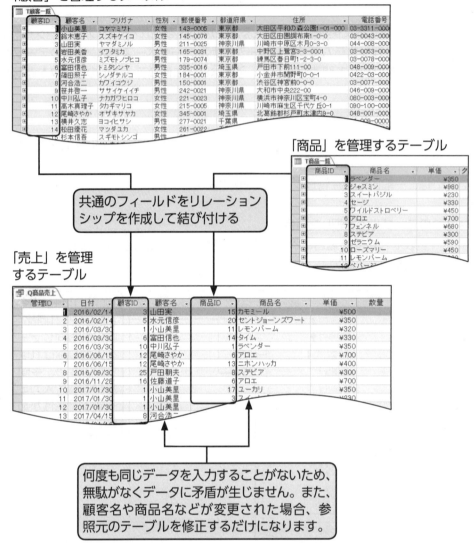

Accessでは、1つの大きなテーブルにデータを保存するよりも、管理対象ごとに複数のテーブルに分けてデータを保存すると、データを有効に活用できます。また、データの更新や削除に対してデータベース全体での影響をチェックした上で実行できるメリットがあります。

💡ヒント テーブルを分ける基準

テーブルを分ける基準は、次のとおりです。
- 目標……繰り返し同じデータが出てこないようにする。
- 方法……人や物、または事象ごとに1つのテーブルにする。
- 処置……テーブルを関連付けるために、共通のフィールドを持つようにする。

■ リレーションシップの概要

テーブルを複数に分けると、1つのテーブルですべての情報を確認することができません。そこで必要に応じて、他のテーブルを参照できるように、関連のある複数のテーブルに共通のフィールドを配置して「リレーションシップ」を作成します。

テーブル間にリレーションシップを作成すると、それぞれの情報を一緒に取り出すことができます。テーブル間のリレーションシップの作成や編集はリレーションシップウィンドウで行います。次の図は、[T顧客一覧]、[T商品一覧]、[T売上一覧] の3つのテーブル間にリレーションシップを作成し、クエリで表示するフィールドを設定しています。

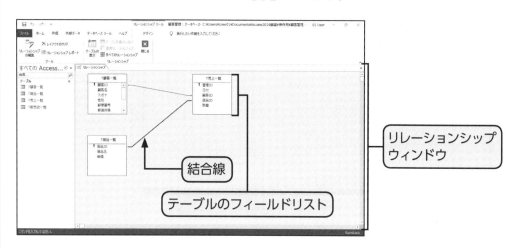

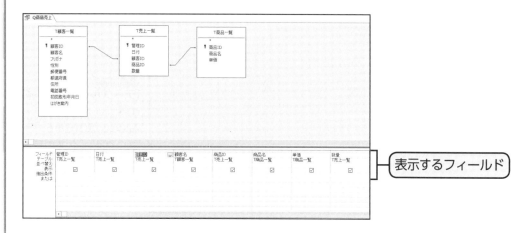

■ リレーションシップの作成の条件

リレーションシップは、関連付けるテーブルと共通のフィールドが次の条件を満たしている場合に作成できます。

・共通のフィールドが同じデータ型であること (例外として、オートナンバー型フィールドと数値型フィールドの場合、数値型フィールドの [フィールドサイズ] プロパティは、どの設定値でもリレーションシップを作成できます。ただし参照整合性を設定する場合は、[長整数型] を設定しなければなりません)。
・共通のフィールドが同じフィールドサイズであること (数値型フィールドの場合)。
・2つのテーブルが同じデータベース内にあること。

操作 リレーションシップを作成する

[T顧客一覧] テーブル、[T商品一覧] テーブル、[T売上一覧] テーブルの [顧客ID] フィールド、[商品ID] フィールドにリレーションシップを作成しましょう。

Step 1 リレーションシップウィンドウを開きます。

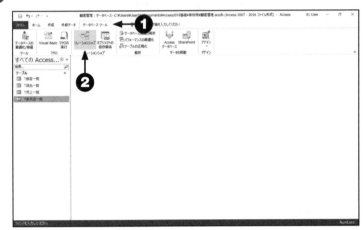

❶ [データベースツール] タブをクリックします。

❷ [リレーションシップ] ボタンをクリックします。

Step 2 リレーションシップウィンドウと同時に [テーブルの表示] ダイアログボックスが開いたことを確認します。

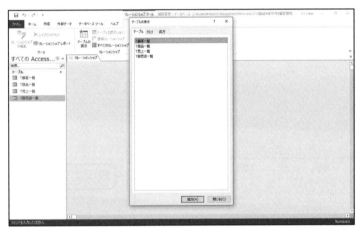

💡 ヒント
[テーブルの表示]ダイアログボックスのサイズ

Access 2016から [テーブルの表示] ダイアログボックスの既定の高さが大きくなり、データベースのより多くのテーブル名やクエリ名が簡単に確認できるようになっています。

Step 3 リレーションシップウィンドウにテーブルを追加して、[テーブルの表示] ダイアログボックスを閉じます。

> **ヒント**
> **テーブルの追加**
> テーブル名をダブルクリックして追加することもできます。また、離れた位置のテーブルを選択するには、1つの目のテーブルをクリックし、2つ目以降のテーブルをCtrlキーを押しながらクリックして選択して、[追加] をクリックします。

❶ [テーブルの表示] ダイアログボックスの [テーブル] タブが選択されていることを確認します。

❷ [T顧客一覧] が選択されていることを確認します。

❸ Shiftキーを押しながら [T売上一覧] をクリックします。

❹ [追加] をクリックします。

❺ [閉じる] をクリックします。

Step 4 追加されたテーブルを確認します。

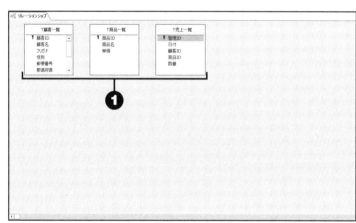

❶ [T顧客一覧] テーブル、[T商品一覧] テーブル、[T売上一覧] テーブルが追加されたことを確認します。

Step 5 テーブルのフィールドリストの位置を調整します。

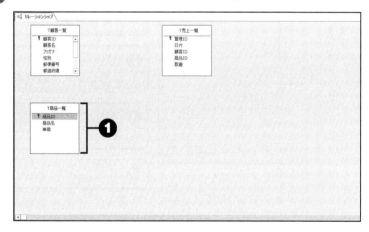

❶ [T商品一覧] テーブルのタイトルバーをドラッグして、[T顧客一覧] テーブルの下へ移動します。

> **ヒント**
> **フィールドリストの移動**
> リレーションシップを設定するテーブルが多いと、結合線が重なったりして確認しにくくなります。
> このような場合は、見やすいようにテーブルのフィールドリストを任意の場所に移動します。

Step 6 [T顧客一覧] テーブルと [T売上一覧] テーブルの間にリレーションシップを作成します。

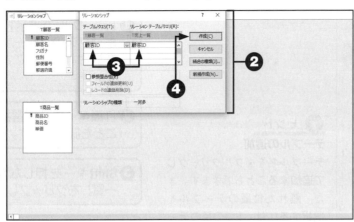

❶ [T顧客一覧] テーブルの [顧客ID] フィールドを [T売上一覧] テーブルの [顧客ID] フィールドにドラッグします。

❷ [リレーションシップ] ダイアログボックスが開きます。

❸ [顧客ID] と表示されていることを確認します。

❹ [作成] をクリックします。

Step 7 リレーションシップが作成されます。

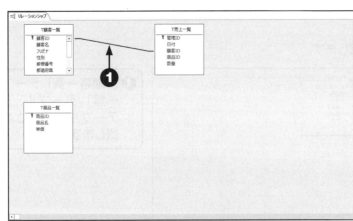

❶ [T顧客一覧] テーブルと [T売上一覧] テーブルの [顧客ID] フィールド間に結合線が設定されたことを確認します。

Step 8 同様に、[T商品一覧] テーブルと [T売上一覧] テーブルの間にリレーションシップを作成します。

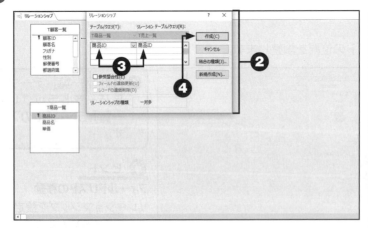

❶ [T商品一覧] テーブルの [商品ID] フィールドを [T売上一覧] テーブルの [商品ID] フィールドにドラッグします。

❷ [リレーションシップ] ダイアログボックスが開きます。

❸ [商品ID] と表示されていることを確認します。

❹ [作成] をクリックします。

Step 9 リレーションシップが作成されます。

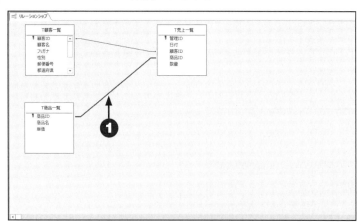

❶ [T商品一覧] テーブルと [T売上一覧] テーブルの [商品ID] フィールド間に結合線が設定されたことを確認します。

Step 10 クイックアクセスツールバーの 🔲 [上書き保存] ボタンをクリックして、リレーションシップの変更を保存します。

Step 11 ✕ 'リレーションシップ' を閉じるボタンをクリックして、リレーションシップウィンドウを閉じます。

Step 12 ✕ 閉じるボタンをクリックして、データベース「顧客管理」を閉じてAccessを終了します。

📶 この章の確認

- ☐ データベースを新規に作成できますか？
- ☐ データベースの中にテーブルを作成できますか？
- ☐ フィールドの追加やデータ型の設定、変更ができますか？
- ☐ ふりがなウィザードを使用してプロパティを設定できますか？
- ☐ 住所入力支援ウィザードを使用してプロパティを設定できますか？
- ☐ 定型入力ウィザードを使用してプロパティを設定できますか？
- ☐ 主キーのフィールドの確認や設定ができますか？
- ☐ テーブルにデータを入力できますか？
- ☐ テーブルの外観を整えられますか？
- ☐ ExcelワークシートのデータをAccessにインポートできますか？
- ☐ Accessの他のデータベースからデータをインポートできますか？
- ☐ AccessのテーブルのデータをExcelにエクスポートできますか？
- ☐ オートフィルターを使用してデータを抽出できますか？
- ☐ 選択フィルターを使用してデータを抽出できますか？
- ☐ 複数のテーブル間にリレーションシップを設定できますか？

問題 2-1

データベース「販売管理」を新規に作成して、完成例のような [T販売店一覧] テーブルを作成しましょう。

■完成例

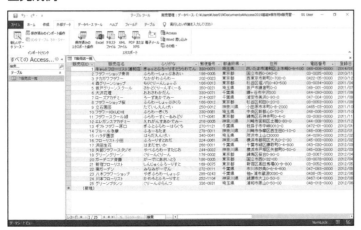

1. データベース「販売管理」を新規に作成して、[Access2019基礎] フォルダーの [保存用] フォルダーに保存しましょう。

2. データベース「販売管理」に、新規テーブル [T販売店一覧] を作成しましょう。
   作成後、デザインビューに切り替えて、[ID] フィールドを [販売店ID] に変更しましょう。

3. 次のようにフィールド名を追加しましょう。
   販売店名、ふりがな、郵便番号、都道府県、住所、電話番号、登録日、はがき案内

4. 追加したフィールドのデータ型とサイズを次のように設定しましょう。

フィールド名	データ型	フィールドサイズ
販売店ID	オートナンバー型	
販売店名	短いテキスト	50
ふりがな	短いテキスト	50
郵便番号	短いテキスト	10
都道府県	短いテキスト	50
住所	短いテキスト	100
電話番号	短いテキスト	50
登録日	日付/時刻型	
はがき案内	Yes/No型	

5. 販売店名を入力すると、[ふりがな] フィールドにふりがなが自動的に表示されるように設定しましょう。
   ・表示する文字種は全角ひらがなにします。

6. [郵便番号] フィールドに郵便番号を入力すると、[都道府県] フィールドと [住所] フィールドに住所が自動的に表示されるように設定しましょう。

7. [登録日] フィールドに、データ入力時の書式として [__/__/__] (年/月/日) を設定しましょう。設定後、上書き保存しましょう。

8. データシートビューに切り替えて、1件目のデータを次のように入力しましょう。

フィールド名	入力内容
販売店ID	1（オートナンバー型のため自動入力されます）
販売店名	キャットフローリスト浦和店
ふりがな	きゃっとふろーりすとうらわてん（自動的に表示されます）
郵便番号	330-0071（「-」は自動的に表示されます）
都道府県	埼玉県（自動的に表示されます）
住所	さいたま市浦和区上木崎0-9-100 （住所は自動的に表示されます。番地は入力します）
電話番号	048-009-0000
登録日	14/01/23
はがき案内	オン

9. ［T販売店一覧］テーブルに、［Access2019基礎］フォルダーの［復習問題］フォルダーにあるExcelファイル「販売店一覧」のデータをインポートしましょう。
    ・テーブルを閉じてからインポート操作を行います。
    ・［T販売店一覧］テーブルにデータを追加します。
    ・インポート操作の保存はしません。

10. ［T販売店一覧］テーブルを開いてデータがインポートできたことを確認し、すべてのフィールドの列幅を自動調整しましょう。

11. ［T販売店一覧］テーブルを上書き保存して閉じましょう。

問題 2-2

データベース「販売管理」に［Access2019基礎］フォルダーの［復習問題］フォルダーにあるデータベース「売上管理（インポート用）」から［T商品一覧］テーブルと［T売上一覧］テーブルをインポートし、リレーションシップを作成しましょう。

1. ［Access2019基礎］フォルダーの［復習問題］フォルダーにあるデータベース「売上管理（インポート用）」から［T商品一覧］テーブルと［T売上一覧］テーブルをインポートしましょう。
    ・インポート操作の保存はしません。

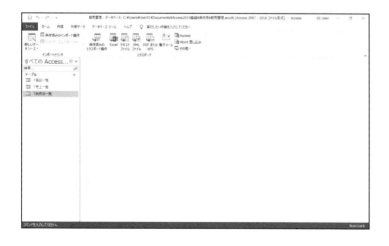

第2章 データベースとテーブルの作成

2. インポートした［T商品一覧］テーブルをデータシートビューで開きましょう。
   確認後、［T商品一覧］テーブルを閉じましょう。

3. リレーションシップウィンドウに［T商品一覧］テーブル、［T売上一覧］テーブル、［T販売店一覧］テーブルを追加しましょう。

4. リレーションシップを作成しましょう。
   ・［T販売店一覧］テーブルと［T売上一覧］テーブルの［販売店ID］フィールド
   ・［T商品一覧］テーブルと［T売上一覧］テーブルの［商品ID］フィールド

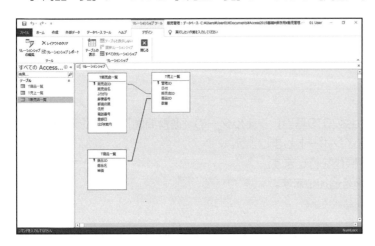

5. リレーションシップを保存し、リレーションシップウィンドウを閉じましょう。

第3章

クエリの作成

- クエリとは
- クエリの作成方法
- データの並べ替え
- データの抽出
- パラメータークエリ
- 複数のテーブルからのクエリの作成

クエリとは

クエリを使用すると、テーブルから必要なフィールドのデータのみを表示したり、指定したフィールドで並べ替えて表示したり、条件を設定して目的のデータを抽出することなどができます。

クエリでは、テーブルのどのフィールドを表示して、どのようなデータのレコードを抽出したいのかなどの条件や並べ替えの設定を保存します。条件の設定は、クエリのデザインビューで行い、抽出結果はクエリのデータシートビューで表示します。

■ テーブルとクエリ

クエリはテーブルと異なり、データそのものは保存していません。表示するフィールド、並べ替えや抽出の条件だけが保存されます。
クエリを実行すると、テーブルのデータから常に最新のデータ(ダイナセット)を表示します。また、クエリを基にフォームやレポートを作成することができます。たとえば、[はがき案内]フィールドが「Yes」の顧客だけ抽出するクエリを基に、宛名ラベルを作成することもできます。

> **ヒント　ダイナセット**
>
> クエリを実行して、データシート上に表示されるデータのことをいいます。ダイナセットを変更すると、基になっているテーブルのデータも更新されます。また、テーブルを更新すると、ダイナセットも更新されます。

基になるテーブル

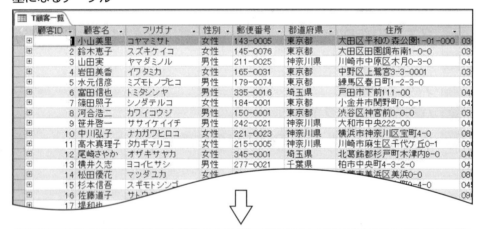

[顧客名]、[郵便番号]、[都道府県]、[住所]の4つのフィールドを表示する設定をした結果

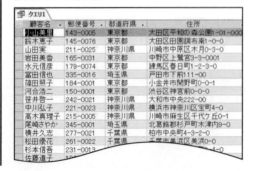

［フリガナ］フィールドを五十音順に並べ替える設定をした結果

顧客ID	顧客名	フリガナ	性別	郵便番号	都道府県	住所	電話
23	浅田美奈子	アサダミナコ	女性	213-0011	神奈川県	川崎市高津区久本0-0	044-009
4	岩田美香	イワタミカ	女性	165-0031	東京都	中野区上鷺宮3-3-0001	03-0053
12	尾崎さやか	オザキサヤカ	女性	345-0001	埼玉県	北葛飾郡杉戸町木津内9-0	048-001
8	河合浩二	カワイコウジ	男性	150-0001	東京都	渋谷区神宮前0-0	03-0077
1	小山美里	コヤマミサト	女性	143-0005	東京都	大田区平和の森公園1-01-000	03-3311
18	斎藤裕子	サイトウユウコ	女性	272-0011	千葉県	市川市高谷新町303-0	047-004
9	笹井啓一	ササイケイイチ	男性	242-0021	神奈川県	大和市中央222-00	046-009
16	佐藤道子	サトウミチコ	女性	192-0001	東京都	八王子市戸吹町00-0	090-050
7	篠田照子	シノダテルコ	女性	184-0001	東京都	小金井市関野町0-0-1	0422-03
22	白川健太郎	シラカワケンタロウ	男性	181-0001	東京都	三鷹市井の頭0-0-1	090-000
15	杉本信吾	スギモトシンゴ	男性	231-0013	神奈川県	横浜市中区住吉町9-4-0	045-007
2	鈴木恵子	スズキケイコ	女性	145-0076	東京都	大田区田園調布南1-0-0	03-0043
11	高木真理子	タカギマリコ	女性	215-0005	神奈川県	川崎市麻生区千代ケ丘0-1	090-100
17	堤和也	ツツミカズヤ	男性	260-0851	千葉県	千葉市中央区矢作町0-0-1	043-001
25	戸田朝夫	トダアサオ	男性	171-0022	東京都	豊島区南池袋5-0-0	03-3232
6	富田信也	トミタシンヤ	男性	335-0016	埼玉県	戸田市下前111-00	048-009
24	中井幸	ナカイサチ	女性	190-0202	東京都	西多摩郡檜原村藤原1-0	090-111
10	中川弘子	ナカガワヒロコ	女性	221-0023	神奈川県	横浜市神奈川区宝町4-0	080-003
14	松田優花	マツダユカ	女性				080-006
5	水元信彦	ミズモトノブヒ					03-0078
19	三井理恵						

［都道府県］フィールドが［神奈川県］のデータを抽出する設定をした結果

顧客ID	顧客名	フリガナ	性別	郵便番号	都道府県	住所	電話
3	山田実	ヤマダミノル	男性	211-0025	神奈川県	川崎市中原区木月0-3-0	044-009
9	笹井啓一	ササイケイイチ	男性	242-0021	神奈川県	大和市中央222-00	046-009
10	中川弘子	ナカガワヒロコ	女性	221-0023	神奈川県	横浜市神奈川区宝町4-0	080-003
11	高木真理子	タカギマリコ	女性	215-0005	神奈川県	川崎市麻生区千代ケ丘0-1	090-100
15	杉本信吾	スギモトシンゴ	男性	231-0013	神奈川県	横浜市中区住吉町9-4-0	045-007
23	浅田美奈子	アサダミナコ	女性	213-0011	神奈川県	川崎市高津区久本0-0	044-009

■ クエリの実行

クエリを実行するには、次のような方法があります。

・ナビゲーションウィンドウでクエリ名をダブルクリックするか、クエリ名を右クリックして、
　ショートカットメニューの［開く］をクリックします。
・デザインビューで［デザイン］タブの［実行］ボタンをクリックします。
・デザインビューで［デザイン］タブの［表示］ボタンのアイコン部分をクリックします。

■ クエリの種類

クエリには、次のような種類があります。

クエリの種類	説明
選択クエリ	指定した条件でテーブルから必要なデータを抽出して、指定した順番で表示する最も基本的なクエリです。
集計クエリ	1つまたは複数のフィールドで、グループごとに集計を行うクエリです。集計方法には、合計、平均、カウントなど、よく使用されるものがあらかじめ用意されています。
パラメータークエリ	実行時にレコードの抽出条件をダイアログボックスに表示して、条件を指定して利用するクエリです。
アクションクエリ	条件を満たしたレコードに対して一括で処理を行うクエリです。アクションクエリには、レコードを更新する「更新クエリ」、条件を満たすレコードで新規テーブルを作成する「テーブル作成クエリ」、レコードを削除する「削除クエリ」、条件を満たすレコードをテーブルに追加する「追加クエリ」があります。

なお、アクションクエリを実行すると、テーブルのデータを削除したり追加するなど、基のデータを更新するので、実行時には注意が必要になります。

第3章　クエリの作成

クエリの作成方法

新規にクエリを作成するには、デザインビューから作成する方法やクエリウィザードで作成する方法があります。クエリウィザードで作成しても、並べ替えや条件の設定などは、デザインビューで指定する必要があります。

クエリを作成するには、デザインビューを使用する方法と、ウィザードを使用する方法があります。

■ デザインビューでのクエリの作成
クエリをデザインビューから作成するには、[作成] タブの [クエリデザイン] ボタンをクリックし、基になるテーブルをフィールドリストに追加します。そして、デザイングリッドで表示するフィールドや順番、データの抽出条件、並べ替えの基準にするフィールドなどを設定します。

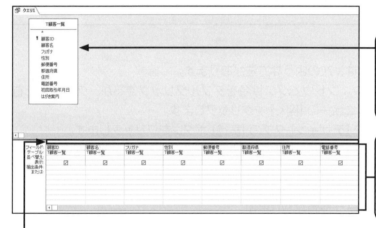

フィールドリスト
クエリの基になるテーブルのフィールドの一覧を表示します。

デザイングリッド
使用するフィールドを追加して、抽出条件や並べ替えなどの設定を行います。

フィールドセレクター
この部分をクリックすると、フィールドを選択できます。**Delete**キーを押すとフィールドを削除できます。ドラッグすると、フィールドを移動、コピーすることができます。

■ デザイングリッドへフィールドを追加する方法
データシートに表示したり抽出条件の設定に使用したりするフィールドをデザイングリッドに追加するには、次のような方法があります。
・フィールドリストの目的のフィールドをダブルクリックします。
・フィールドリストの目的のフィールドをデザイングリッドへドラッグアンドドロップします。
・デザイングリッドの [フィールド] 行の▼をクリックして、一覧から選択します。

■ 選択クエリウィザードを利用したクエリの作成

選択クエリウィザードを使用すると、対話形式で簡単に選択クエリを作成し、必要なフィールドのデータを表示することができます。
選択クエリウィザードを使用するには、基になるテーブルを選択して [作成] タブの [クエリウィザード] ボタンをクリックします。[新しいクエリ] ダイアログボックスで [選択クエリウィザード] を選択します。

選択クエリウィザードでは、表示したいフィールドを選択してクエリを作成することができます。必要なデータを表示させたいときには便利ですが、抽出条件を設定したり、並べ替えを設定するには、作成後にデザインビューでの編集が必要です。

操作 デザインビューでクエリを作成する

[T顧客一覧] テーブルから [顧客ID]、[顧客名]、[フリガナ]、[郵便番号]、[都道府県]、[住所]、[電話番号] のデータを表示するクエリを作成しましょう。

Step 1 [保存用] フォルダーにあるデータベース「顧客管理」を開きます。本章から学習を開始する場合は、[Access2019基礎] フォルダーにある「3章_顧客管理」を開きます。

Step 2 基になるテーブルを指定して、クエリをデザインビューで開きます。

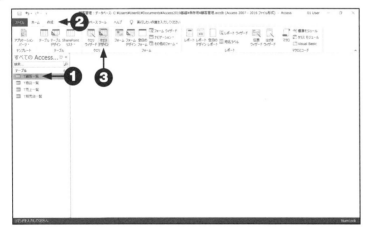

❶ナビゲーションウィンドウの [T顧客一覧] テーブルをクリックします。

❷[作成] タブをクリックします。

❸[クエリデザイン] ボタンをクリックします。

ヒント
基になるテーブルの指定
クエリを作成するための基になるテーブルは、開いていても閉じていてもかまいません。

第3章 クエリの作成

Step 3 クエリで使用するテーブルを選択します。

❶ [テーブルの表示] ダイアログボックスが開き、[テーブル] タブが選択されていることを確認します。

❷ [T顧客一覧] が選択されていることを確認します。

❸ [追加] をクリックします。

❹ [閉じる] をクリックします。

Step 4 フィールドリストを広げます。

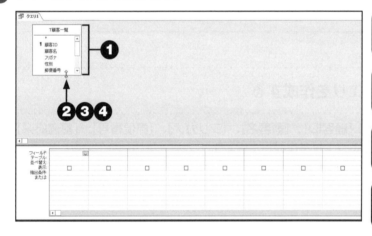

❶ フィールドリストが表示されていることを確認します。

❷ [T顧客一覧] フィールドリストの下端をポイントします。

❸ マウスポインターの形が ↕ になっていることを確認します。

❹ 垂直スクロールバーが非表示になるまで下方向にドラッグします。

💡 ヒント
デザイングリッドとフィールドリストの表示領域の変更

フィールドリストを表示するエリアとデザイングリッドの境界線をポイントして、マウスポインターの形が ✥ になったら上下方向にドラッグします。

Step 5 [顧客ID] フィールドを追加します。

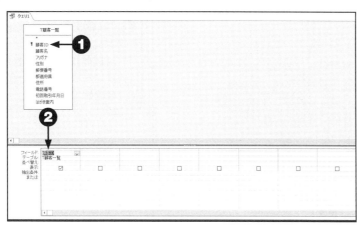

❶ [T顧客一覧] フィールドリストの [顧客ID] をダブルクリックします。

❷ デザイングリッドの [フィールド] 行に [顧客ID] と表示されていることを確認します。

💡 ヒント
デザイングリッドからのフィールドの削除
削除したいフィールドのフィールドセレクターをポイントし、マウスポインターの形が ↓ になったらクリックして選択し、**Delete** キーを押します。連続する複数フィールドを削除する場合は、マウスポインターの形が ↓ になったらドラッグして範囲選択し、**Delete** キーを押します。

Step 6 同様に、[顧客名]、[フリガナ]、[郵便番号]、[都道府県]、[住所]、[電話番号] の順番でフィールドを追加します。

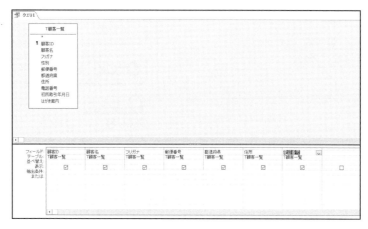

💡 ヒント
デザイングリッドへのフィールドの挿入
すでにフィールドが追加されている列にフィールドを挿入するには、フィールドリストからフィールドを目的の列までドラッグします。すでにその右側に追加されていたフィールド列は、挿入したフィールドの右側に移動します。

Step 7 クエリを実行します。

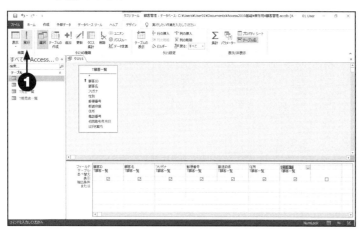

❶ [実行] ボタンをクリックします。

💡 ヒント
[表示] ボタンを使用したクエリの実行
デザインビューで [表示] ボタンのアイコン部分をクリックしてデータシートビューに切り替えても、クエリの実行結果を表示することができます。

第3章 クエリの作成 **101**

Step 8 実行結果が表示されます。

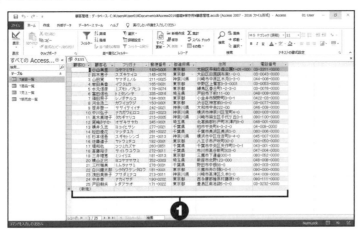

❶ [顧客ID]、[顧客名]、[フリガナ]、[郵便番号]、[都道府県]、[住所]、[電話番号] の7つのフィールドが表示されていることを確認します。

Step 9 クエリに名前を付けて保存します。

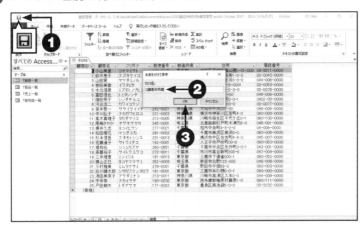

❶ クイックアクセスツールバーの [上書き保存] ボタンをクリックします。

❷ [名前を付けて保存] ダイアログボックスの [クエリ名] ボックスに「Q顧客住所録」と入力します。

❸ [OK] をクリックします。

💡 **ヒント**
クエリ名
ここでは、クエリオブジェクトであることを区別しやすくするため、クエリ名の先頭に「Q」を付けています。

Step 10 [Q顧客住所録] クエリが作成されたことを確認します。

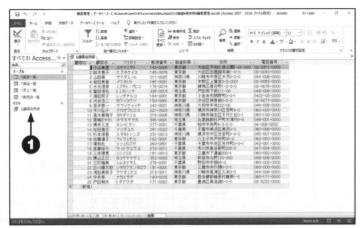

❶ ナビゲーションウィンドウの [クエリ] の下に [Q顧客住所録] クエリが追加されていることを確認します。

ヒント　フィールドリストでの複数フィールドの選択

複数のフィールドを選択して、一度にデザイングリッドへ追加することができます。フィールドリスト内で複数のフィールドを選択して、デザイングリッドへドラッグアンドドロップします。
連続したフィールドを選択するには、選択する最初のフィールドをクリックして、**Shift**キーを押しながら最後のフィールドをクリックします。離れた位置にあるフィールドを選択するには、最初のフィールドをクリックして、**Ctrl**キーを押しながら2つ目以降のフィールドをクリックします。
また、フィールドリストのタイトルバーをダブルクリックして、範囲選択されたフィールドをデザイングリッドへドラッグアンドドロップすると、デザイングリッドにすべてのフィールドを追加することができます。

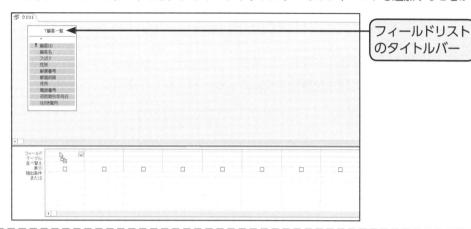

ヒント　デザイングリッドのフィールドの表示順と移動

クエリの実行結果を表示するデータシートのフィールドは、クエリのデザインビューで設定した左側のフィールドから順に表示されます。
クエリのデザインビューでフィールドの位置を移動するには、移動したフィールドのフィールドセレクターをポイントして、マウスポインターの形が ↓ になったらクリックします。マウスポインターの形が ▷ になったことを確認して、移動したい位置までドラッグします。ドラッグ中のマウスポインターの形は ▷ に変わります。挿入位置に表示される縦線を確認してマウスのボタンを離します。

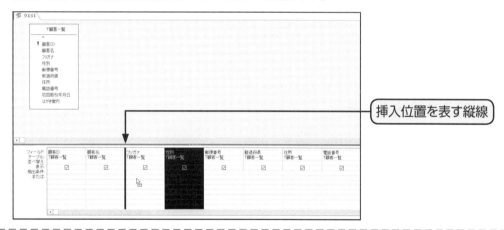

データの並べ替え

クエリを利用して指定したフィールドでレコードを昇順や降順に並べ替えることができます。

データの並べ替えは、デザイングリッドの[並べ替え]行で設定します。
[並べ替え]行をクリックして、表示される▼をクリックして[昇順]または[降順]をクリックします。フィールドの値が空白となっているデータの場合は、昇順では先頭に、降順では最後に表示されます。また、並べ替えを解除するには[(並べ替えなし)]をクリックします。

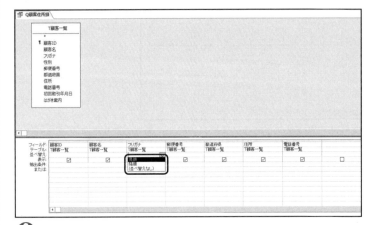

重要　昇順と降順

並べ替えで[昇順]を指定すると、数値は「0～9」、英字は「A～Z」、ひらがなとカタカナは「あ～ん」の順にレコードが並び替わります。[降順]を指定した場合はその逆に並び替わります。漢字などそれ以外の文字の並び順はJISコード順になるため、五十音順で並べ替えたい場合は、ひらがなまたはカタカナのフィールドを使用します。

操作 並べ替えの設定をする

[フリガナ]フィールドを昇順に並べ替える設定をしましょう。

Step 1 デザインビューに切り替えます。

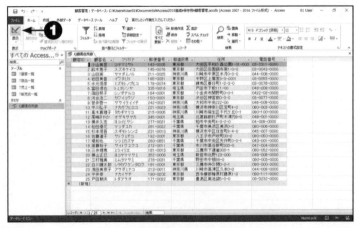

❶[表示]ボタンをクリックします。

Step 2 クエリがデザインビューで開きます。

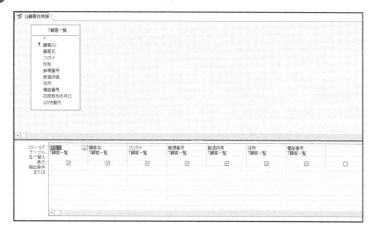

Step 3 並べ替えを設定します。

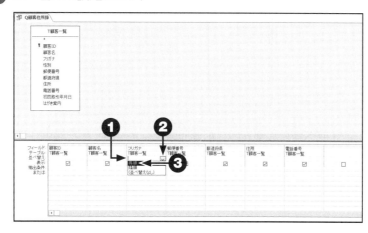

❶ [フリガナ] フィールドの [並べ替え] 行をクリックします。

❷ ▼をクリックします。

❸ [昇順] をクリックします。

Step 4 [デザイン] タブの [実行] ボタンをクリックして、クエリを実行します。

Step 5 実行結果が表示されます。

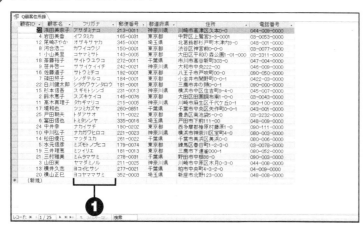

❶ [フリガナ] フィールドの昇順にデータが並べ替えられていることを確認します。

Step 6 クイックアクセスツールバーの 🖫 [上書き保存] ボタンをクリックして、[Q顧客住所録] クエリを上書き保存します。

Step 7 ⊠ 'Q顧客住所録' を閉じるボタンをクリックして、[Q顧客住所録] クエリを閉じます。

💡 ヒント　複数フィールドへの並べ替えの設定

複数フィールドに並べ替えを設定した場合、左側のフィールドから優先順位が付けられます。右側のフィールドを優先させたい場合は、フィールドを左へ移動します。

フィールドの順番とは異なった並べ替えの優先順位を設定するには、並べ替えを優先設定したいフィールドを左側にもう1つ追加し、並べ替えのみを設定して [表示] 行のチェックボックスをオフにします。[表示] 行のチェックボックスをオフにしたフィールドは、データシートでは非表示になります。

たとえば、並べ替えに最優先されるキーが [都道府県] フィールドの [昇順]、2番目に優先されるキーが [フリガナ] フィールドの [昇順] にしたいときは、[都道府県] フィールドをデザイングリッドの左端に追加し、[表示] 行のチェックボックスをオフにします。

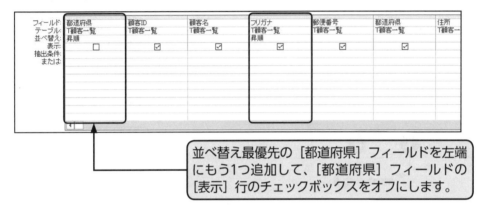

並べ替え最優先の [都道府県] フィールドを左端にもう1つ追加して、[都道府県] フィールドの [表示] 行のチェックボックスをオフにします。

クエリの実行結果のデータシートでは、フィールドの表示順は変わらず、都道府県の昇順（漢字なのでJISコード順）に並べ替え、次に同じ都道府県の中でフリガナの昇順に並べ替えられます。

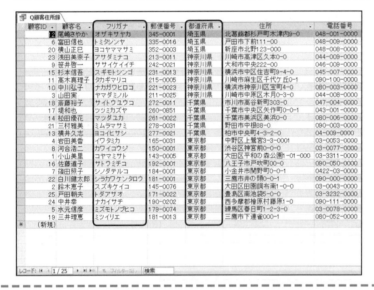

データの抽出

クエリのデザイングリッドの［抽出条件］行に、さまざまな条件を設定して、目的のレコードを抽出することができます。どのような条件を設定するかによって［抽出条件］行への入力方法が異なります。

クエリのデザイングリッドで設定できる条件には、次のような種類があります。

条件	内容
単一条件	1つの条件のみでデータを抽出します。条件を設定したいフィールドの［抽出条件］行に入力します。
複合条件	複数の条件を設定してデータを抽出します。複合条件には、「OR条件」と「AND条件」があり、条件を設定したい各フィールドの［抽出条件］行や［または］行に条件を入力します。
部分一致条件	あいまいな条件を設定してデータを抽出します。「ワイルドカード」を使用します。
演算子を使用した条件	演算子を使用して条件を設定します。一定の範囲の中から該当するデータを抽出することなどができます。

■ フィルターとクエリの違い

フィルターでは、1つのテーブル内で抽出結果を確認します。操作は最後に実行した1回のみの保存です。

クエリでは表示するフィールドや抽出条件、並べ替えを必要なだけ保存しておくことができます。また、複数のテーブルから必要なフィールドを追加して、あたかも1つのテーブルのように表示し、条件を設定することができます。

第3章　クエリの作成　107

単一条件

1つの条件のみで抽出します。

単一条件は、条件を設定したいフィールドの [抽出条件] 行に入力します。
たとえば、[都道府県] フィールドが「東京都」のデータを抽出するには、次のように設定します。

操作 単一条件で抽出する

[電話番号] と [初回取引年月日] を除くフィールドを表示するクエリを作成して、[はがき案内] フィールドが「Yes」のデータを抽出しましょう。

Step 1 基になるテーブルを指定して、クエリをデザインビューで開きます。

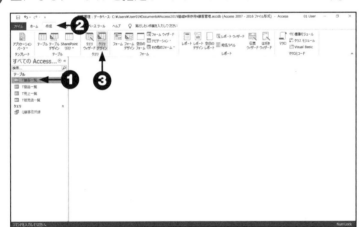

❶ ナビゲーションウィンドウの [T顧客一覧] テーブルが選択されていることを確認します。

❷ [作成] タブをクリックします。

❸ [クエリデザイン] ボタンをクリックします。

Step 2 クエリで使用するテーブルを選択します。

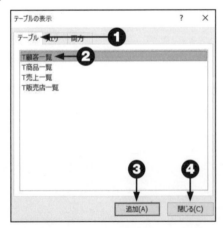

❶ [テーブルの表示] ダイアログボックスが開き、[テーブル] タブが選択されていることを確認します。

❷ [T顧客一覧] が選択されていることを確認します。

❸ [追加] をクリックします。

❹ [閉じる] をクリックします。

Step 3 フィールドリストを広げます。

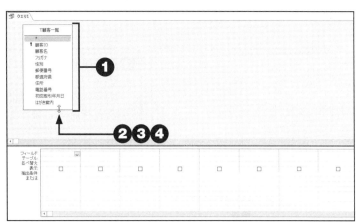

❶ フィールドリストが表示されていることを確認します。

❷ [T顧客一覧] フィールドリストの下端をポイントします。

❸ マウスポインターの形が ↕ になっていることを確認します。

❹ 垂直スクロールバーが非表示になるまで下方向にドラッグします。

Step 4 [顧客ID]、[顧客名]、[フリガナ]、[郵便番号]、[都道府県]、[住所]、[はがき案内] の順番にフィールドを追加します。

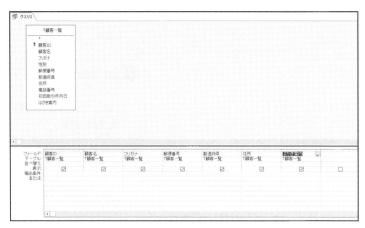

💡 **ヒント**
フィールドの追加方法

フィールドは1つずつ追加することもできますが、多くのフィールドを追加する場合には、すべてのフィールドを追加した後に、不要なフィールドを削除すると効率的な場合があります。

Step 5 抽出条件を設定します。

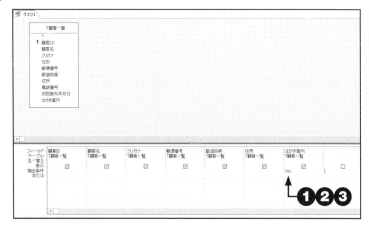

❶ [はがき案内] フィールドの [抽出条件] 行に半角で「yes」と入力します。

❷ Enterキーを押します。

❸ 入力した文字の先頭が大文字になっていることを確認します。

💡 **ヒント**
Yes/No型の抽出条件

チェックボックスがオンのレコードを抽出するには、[抽出条件] 行に半角で「Yes」と入力します。チェックボックスがオフのレコードを抽出するには、[抽出条件] 行に半角で「No」と入力します。大文字/小文字を区別して入力する必要はありません。確定すると自動的に先頭の文字が大文字に変更されます。

第3章 クエリの作成 109

Step 6 [デザイン] タブの [実行] ボタンをクリックして、クエリを実行します。

Step 7 実行結果が表示されます。

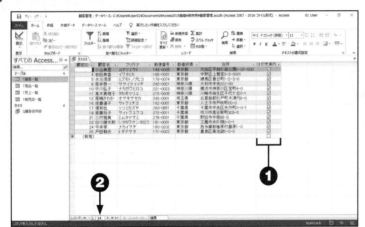

❶ [はがき案内] フィールドのチェックボックスがオン (Yes) のデータだけが抽出されていることを確認します。

❷ 抽出されたレコードの件数が14件になっていることを確認します。

Step 8 クイックアクセスツールバーの [上書き保存] ボタンをクリックします。

Step 9 クエリに名前を付けて保存します。

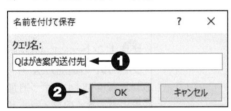

❶ [名前を付けて保存] ダイアログボックスの [クエリ名] ボックスに「Qはがき案内送付先」と入力します。

❷ [OK] をクリックします。

Step 10 [Qはがき案内送付先] クエリが作成されたことを確認します。

❶ ナビゲーションウィンドウの [クエリ] の下に [Qはがき案内送付先] クエリが追加されていることを確認します。

複合条件

複数の条件を設定して抽出します。

複合条件には、「OR条件」と「AND条件」があり、条件を設定したい各フィールドの[抽出条件]行や[または]行に条件を入力します。

■ OR条件

複数の条件のいずれかを満たすデータが抽出されます。条件は、[抽出条件]行と[または]行を使用して設定します。
たとえば、[都道府県]フィールドが「神奈川県」または「千葉県」のデータを抽出したいときには、[都道府県]フィールドの[抽出条件]行に「神奈川県」、[または]行に「千葉県」と2つの行に分けて設定します。

■ AND条件

複数の条件のすべてを満たすデータが抽出されます。条件は、同じ行の[抽出条件]行を使用して設定します。
たとえば、[都道府県]フィールドが「神奈川県」で、なおかつ[はがき案内]フィールドが「No」のデータを抽出したいときには、[都道府県]フィールドの[抽出条件]行に「神奈川県」、[はがき案内]フィールドの[抽出条件]行に「No」と同じ行に設定します。

操作☞ OR条件でデータを抽出する

[都道府県]フィールドが「東京都」または「埼玉県」のデータを抽出しましょう。

Step 1 [ホーム]タブの [表示]ボタンをクリックして、デザインビューに切り替えます。

第3章 クエリの作成 *111*

Step 2 抽出条件を削除します。

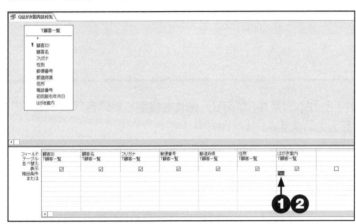

❶ [はがき案内] フィールドの [抽出条件] 行の「Yes」をドラッグして範囲選択します。

❷ Deleteキーを押します。

Step 3 抽出条件を設定します。

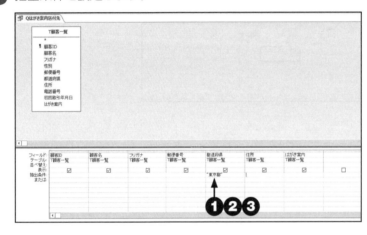

❶ [都道府県] フィールドの [抽出条件] 行に「東京都」と入力します。

❷ Enterキーを押します。

❸ 入力した文字列がダブルクォーテーション（ " ）で囲まれていることを確認します。

💡 **ヒント**
入力確定時のダブルクォーテーション
文字列を入力してEnterキーを押すと、自動的に文字列の前後にダブルクォーテーション(")が付きます。

Step 4 抽出条件のOR条件を設定します。

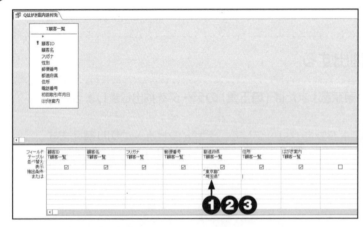

❶ [都道府県] フィールドの [または] 行に「埼玉県」と入力します。

❷ Enterキーを押します。

❸ 入力した文字列がダブルクォーテーション（ " ）で囲まれていることを確認します。

Step 5 [デザイン] タブの [実行] ボタンをクリックして、クエリを実行します。

Step 6 実行結果が表示されます。

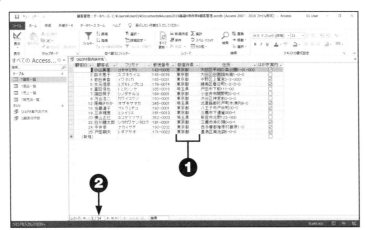

❶ [都道府県] フィールドが「東京都」と「埼玉県」のデータだけが抽出されていることを確認します。

❷ 抽出されたレコードの件数が14件になっていることを確認します。

Step 7 [名前を付けて保存] ダイアログボックスを開きます。

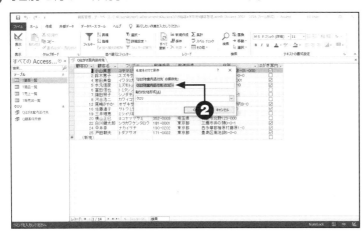

❶ F12キーを押します。

❷ ['Qはがき案内送付先'の保存先] ボックスに [Qはがき案内送付先のコピー] と表示されます。

💡 **ヒント**
[名前を付けて保存] ダイアログボックスの表示方法
F12キーは [名前を付けて保存] ダイアログボックスを表示するショートカットキーです。

Step 8 クエリに名前を付けて保存します。

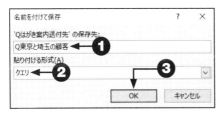

❶ ['Qはがき案内送付先'の保存先] ボックスに「Q東京と埼玉の顧客」と入力します。

❷ [貼り付ける形式] ボックスに [クエリ] と表示されていることを確認します。

❸ [OK] をクリックします。

Step 9 ナビゲーションウィンドウの [クエリ] の下に [Q東京と埼玉の顧客] クエリが追加されていることを確認します。

第3章 クエリの作成 113

ヒント　すでに名前を付けて保存しているオブジェクトを編集して他の名前で保存するその他の方法

[ファイル] タブをクリックし、[名前を付けて保存] をクリックします。[ファイルの種類] の [オブジェクトに名前を付けて保存] をクリックし、データベースファイルの種類] が [オブジェクトに名前を付けて保存] であることを確認して、[名前を付けて保存] をクリックします。
表示された [名前を付けて保存] ダイアログボックスの [保存先] ボックスに新しい名前を入力します。

操作　AND条件でデータを抽出する

[都道府県] フィールドが [東京都] かつ [はがき案内] フィールドが [Yes] のデータを抽出しましょう。

Step 1 [ホーム] タブをクリックし、[表示] ボタンをクリックして、デザインビューに切り替えます。

Step 2 抽出条件を削除します。

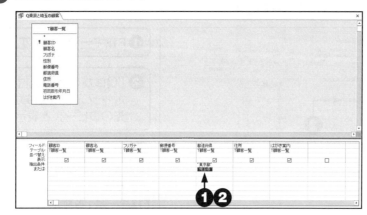

❶ [都道府県] フィールドの [または] 行の「埼玉県」をドラッグして範囲選択します。

❷ Deleteキーを押します。

Step 3 抽出条件を設定します。

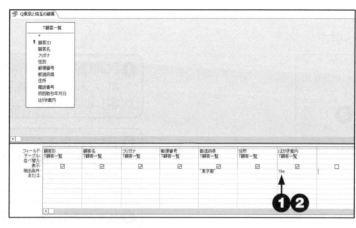

❶ [はがき案内] フィールドの [抽出条件] 行に半角で「yes」と入力します。

❷ Enterキーを押します。

Step 4 [デザイン] タブの [実行] ボタンをクリックして、クエリを実行します。

Step 5 実行結果が表示されます。

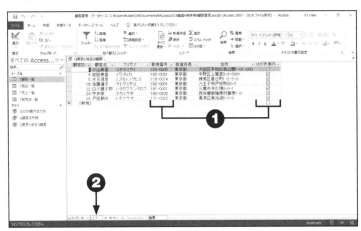

❶ [都道府県] フィールドが「東京都」で、[はがき案内] フィールドが「Yes」のデータだけが抽出されていることを確認します。

❷ 抽出されたレコードの件数が7件になっていることを確認します。

Step 6 クエリに名前を付けて保存します。

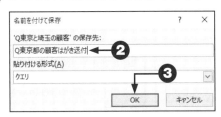

❶ F12キーを押します。

❷ ['Q東京と埼玉の顧客'の保存先] ボックスに「Q東京都の顧客はがき送付」と入力します。

❸ [OK] をクリックします。

Step 7 ナビゲーションウィンドウの [クエリ] の下に [Q東京都の顧客はがき送付] クエリが追加されていることを確認します。

部分一致条件

部分一致条件を設定するには、ワイルドカードを使用します。

「ワイルドカード」を使用すると、あいまいな条件を設定して抽出できます。ワイルドカードは、短いテキストのデータなど、一部の文字だけ一致することを抽出条件にする場合に使用します。ワイルドカードには、次の種類があります。

*　　　任意の文字の替わりに指定できます。＊部分は何文字でもかまいません。
?　　　任意の文字の替わりに指定できます。？部分は一文字分になります。

入力内容	確定後の表示	意味	抽出結果例
山*	Like "山*"	山で始まる	山田、山野井
山	Like "*山*"	山を含む	山田、小山田、久我山
*山	Like "*山"	山で終わる	小山、久我山
"??市"	Like "??市"	○○市	横浜市、大阪市、福岡市
			（津市、名古屋市は抽出されません）

第 3 章 クエリの作成　115

■ ワイルドカードの入力

ワイルドカードや記号は半角で入力します。入力した条件を確定すると、「Like演算子」を使用した条件に置き換わり、文字列の前にダブルクォーテーション(")が付けられます。

> **ヒント　Like演算子**
> 2つの文字列を比較し、指定したパターンに一致する値を探すことができる特殊演算子です。

操作☞ ワイルドカードを使用してデータを抽出する

[住所]フィールドが「横浜市」で始まるデータを抽出しましょう。

Step 1 [ホーム] タブの [表示] ボタンをクリックして、デザインビューに切り替えます。

Step 2 抽出条件を削除します。

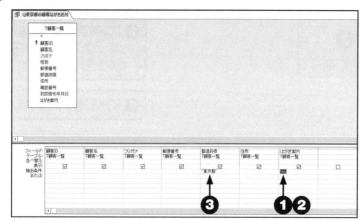

❶ [はがき案内] フィールドの [抽出条件] 行の「Yes」をドラッグして範囲選択します。

❷ Deleteキーを押します。

❸ 同様に、[都道府県] フィールドの [抽出条件] 行の「東京都」も削除します。

Step 3 抽出条件を設定します。

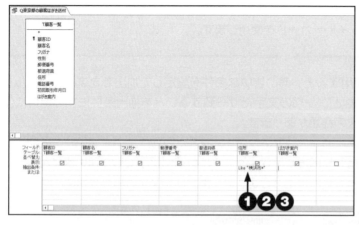

❶ [住所] フィールドの [抽出条件] 行に「横浜市*」と入力します。

❷ Enterキーを押します。

❸ [Like "横浜市*"] と表示されていることを確認します。

> **重要**
> **ワイルドカードの入力**
> ワイルドカードなどの記号は、必ず半角で入力します。

Step 4 [デザイン] タブの [実行] ボタンをクリックして、クエリを実行します。

Step 5 実行結果が表示されます。

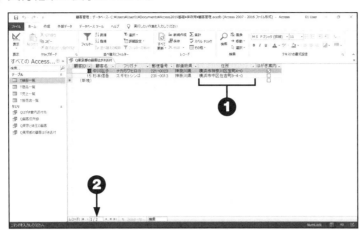

❶ [住所]フィールドが「横浜市」で始まるデータだけが抽出されていることを確認します。

❷ 抽出されたレコードの件数が2件になっていることを確認します。

Step 6 クエリに名前を付けて保存します。

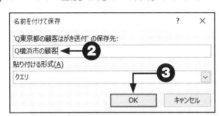

❶ F12キーを押します。

❷ ['Q東京都の顧客はがき送付'の保存先] ボックスに「Q横浜市の顧客」と入力します。

❸ [OK] をクリックします。

Step 7 ナビゲーションウィンドウの [クエリ] の下に [Q横浜市の顧客] クエリが追加されていることを確認します。

Between ～ And ～演算子

一定の範囲を設定してデータを抽出します。

「○○以上○○以下」などの範囲を指定する場合は、[抽出条件] 行にBetween ～ And ～演算子を使用した条件を設定します。
「Between ～ And ～」の形式で入力し、「Between」の後ろと「And」の前後には半角のスペースが必要になります。

入力内容	抽出結果
Between 100 And 200	数量が100から200まで（100以上200以下）
Between 2017/1/1 And 2017/12/31	日付が2017/1/1から2017/12/31まで

第３章　クエリの作成　117

操作 ☞ 一定の範囲を設定してデータを抽出する

[初回取引年月日] フィールドが2013/1/1から2013/3/31のデータを抽出しましょう。

Step 1 [ホーム] タブの [表示] ボタンをクリックして、デザインビューに切り替えます。

Step 2 抽出条件を削除します。

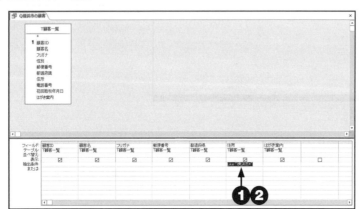

❶ [住所] フィールドの [抽出条件] 行の「Like "横浜市*"」をドラッグして範囲選択します。

❷ Deleteキーを押します。

Step 3 フィールドを削除します。

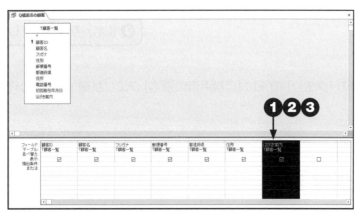

❶ [はがき案内] フィールドのフィールドセレクターをポイントします。

❷ マウスポインターの形が↓になっていることを確認して、クリックします。

❸ Deleteキーを押します。

Step 4 フィールドを追加します。

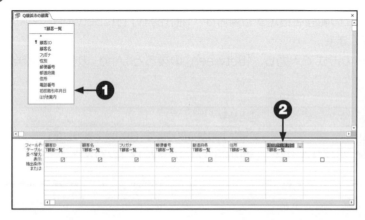

❶ [T顧客一覧] フィールドリストの [初回取引年月日] をダブルクリックします。

❷ デザイングリッドの最後の列に [初回取引年月日] フィールドが追加されていることを確認します。

Step 5 抽出条件「Between 2013/1/1 And 2013/3/31」を設定します。

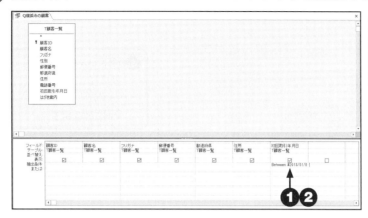

❶ [初回取引年月日] フィールドの [抽出条件] 行に半角で「between 2013/1/1 and 2013/3/31」と入力します。

❷ Enterキーを押します。

❗ 重要
Between ～ And ～演算子の入力
「between」の後ろと「and」の前後に半角スペースを必ず入力します。入力しないと文字列として認識されるため、全体がダブルクォーテーションで囲まれます。

Step 6 [初回取引年月日] フィールドの列幅を調整して、設定した抽出条件を確認します。

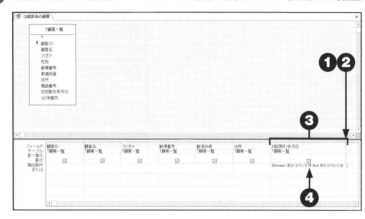

❶ [初回取引年月日] フィールドの右側の境界線をポイントします。

❷ マウスポインターの形が ✛ になっていることを確認して、ダブルクリックします。

❸ [初回取引年月日] フィールドの列幅が自動調整されて広がったことを確認します。

❹ [Between #2013/01/01# And #2013/03/31#] と表示されていることを確認します。

💡 ヒント
抽出条件の入力について

・Between ～ And ～演算子
　大文字／小文字を区別して入力する必要はありません。小文字で入力し、確定すると自動的に先頭が大文字に変更されます。

・日付
　日付は半角で入力します。入力を確定すると自動的に日付の前後にシャープ (#) が付きます。

Step 7 [デザイン] タブの [実行] ボタンをクリックして、クエリを実行します。

Step 8 実行結果が表示されます。

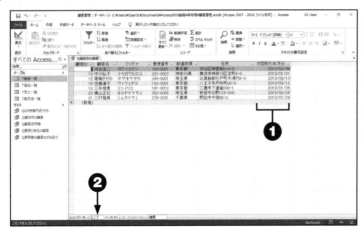

❶ [初回取引年月日] フィールドが2013/1/1から2013/3/31のデータだけが抽出されていることを確認します。

❷ 抽出されたレコードの件数が7件になっていることを確認します。

Step 9 クエリに名前を付けて保存します。

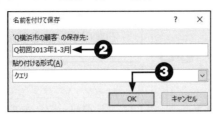

❶ F12キーを押します。

❷ ['Q横浜市の顧客'の保存先] ボックスに「Q初回2013年1-3月」と入力します。

❸ [OK] をクリックします。

Step 10 ナビゲーションウィンドウの [クエリ] の下に [Q初回2013年1-3月] クエリが追加されていることを確認します。

Step 11 ✕ 'Q初回2013年1-3月' を閉じるボタンをクリックして、[Q初回2013年1-3月] クエリを閉じます。

💡 ヒント　ズーム機能

Between ～ And ～演算子など、デザイングリッドに入力する条件が長い場合は、ズーム機能を使用すると入力や確認がしやすくなります。
ズーム機能を使用するには、[抽出条件] 行を右クリックして表示されるショートカットメニューから [ズーム] をクリックするか、[抽出条件] 行をクリックして**Shift**+**F2**キーを押します。[ズーム] ダイアログボックスに条件を入力して [OK] をクリックすると、[抽出条件] 行に入力した内容が表示されて [ズーム] ダイアログボックスは閉じられます。

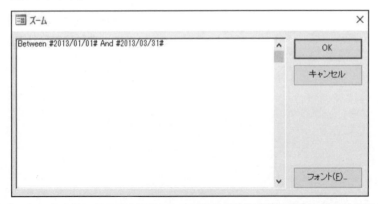

ヒント 比較演算子を使用した条件の設定

「〜以上」、「〜以下」、「〜より大きい」、「〜より小さい」などの条件を設定するには、比較演算子を使用することができます。

たとえば、[初回取引年月日]フィールドが2013/1/1以降のデータを抽出したい場合には、[抽出条件]行に「>=2013/1/1」と入力します。**Enter**キーで確定すると日付の前後にシャープ(#)が表示されます。

また、Between 〜 And 〜演算子の代わりに、比較演算子を使用して条件を設定することもできます。
たとえば、[初回取引年月日]フィールドが2013/1/1から2013/3/31のデータを抽出したい場合には、[抽出条件]行に「>=2013/1/1 and <=2013/3/31」と入力します。

比較演算子には次のような種類があります。

比較演算子	意味
>	〜より大きい
<	〜より小さい
>=	〜以上
<=	〜以下
=	〜と等しい
<>	〜と等しくない

パラメータークエリ

クエリを実行するたびにダイアログボックスを表示して、特定のフィールドに対して毎回違う条件を設定して結果を表示することができます。

たとえば、都道府県ごとの顧客のデータを抽出する場合、顧客の都道府県の数だけクエリを作成するのは大変です。
「パラメータークエリ」を利用すれば、クエリを実行するたびに条件を入力するダイアログボックスが表示されるので、1つのクエリを作成するだけで、毎回異なる都道府県の顧客データを抽出できます。

■ パラメータークエリの作成

パラメータークエリを作成するには、デザイングリッドの [抽出条件] 行に、半角の角かっこ ([ ]) で囲んだ文字列を入力します。[ ] は必ず半角で入力します。

[抽出条件] 行に「[ ]」を前後に入力した、入力ガイドになるメッセージ文 (パラメーター) を入力します。

クエリを実行すると、その文字列をパラメーター (案内文字列) としたダイアログボックスが表示されます。抽出したい条件を入力して [OK] をクリックすると、[抽出条件] 行に入力した条件が代入され、抽出結果が表示されます。

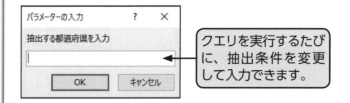

クエリを実行するたびに、抽出条件を変更して入力できます。

操作 ☞ パラメータークエリを作成する

クエリを実行するたびに、[都道府県] フィールドの抽出条件を変更できるようにパラメータークエリを作成しましょう。

Step 1 基になるテーブルを指定して、クエリをデザインビューで開きます。

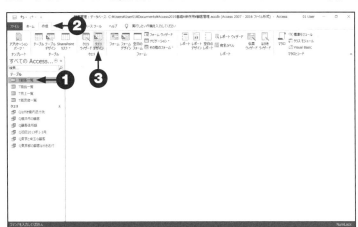

❶ ナビゲーションウィンドウの [T顧客一覧] テーブルが選択されていることを確認します。

❷ [作成] タブをクリックします。

❸ [クエリデザイン] ボタンをクリックします。

Step 2 クエリで使用するテーブルを選択します。

❶ [テーブルの表示] ダイアログボックスが開き、[テーブル] タブが選択されていることを確認します。

❷ [T顧客一覧] が選択されていることを確認します。

❸ [追加] をクリックします。

❹ [閉じる] をクリックします。

Step 3 フィールドを追加します。

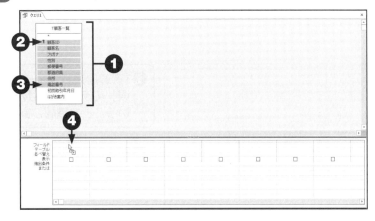

❶ フィールドリストを広げます。

❷ [T顧客一覧] フィールドリストの [顧客ID] をクリックします。

❸ **Shift**キーを押しながら [電話番号] をクリックします。

❹ 反転した部分をデザイングリッドの [フィールド] 行までドラッグします。

第3章 クエリの作成 123

Step 4 パラメーターを設定します。

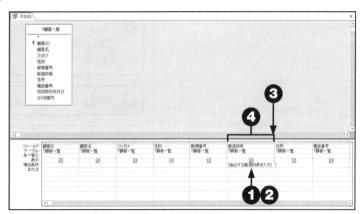

❶ [都道府県] フィールドの [抽出条件] 行に「[抽出する都道府県を入力]」と入力します。

❷ Enterキーを押します。

❸ [都道府県] フィールドの右側の境界線をポイントして、マウスポインターの形が ✣ になったらダブルクリックします。

❹ [都道府県] フィールドの列幅が自動調整されて広がったことを確認します。

Step 5 [デザイン] タブの [実行] ボタンをクリックして、クエリを実行します。

Step 6 [パラメーターの入力] ダイアログボックスが開きます。

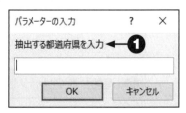

❶ [抽出条件] 行に入力した文字列「抽出する都道府県を入力」が表示されていることを確認します。

Step 7 抽出条件を入力します。

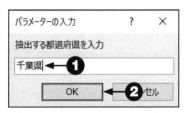

❶ ボックスに「千葉県」と入力します。

❷ [OK] をクリックします。

Step 8 実行結果が表示されます。

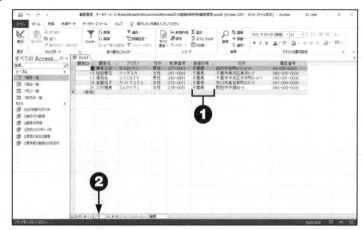

❶ [都道府県] フィールドが「千葉県」のデータだけが抽出されていることを確認します。

❷ 抽出されたレコードの件数が5件になっていることを確認します。

Step 9 クイックアクセスツールバーの 🔲 [上書き保存] ボタンをクリックし、クエリに「Q都道府県抽出」という名前を付けて保存します。

Step 10 [Q都道府県抽出] クエリが作成されたことを確認します。

❶ ナビゲーションウィンドウの [クエリ] の下に [Q都道府県抽出] クエリが追加されていることを確認します。

Step 11 ❌ 'Q都道府県抽出' を閉じるボタンをクリックして、[Q都道府県抽出] クエリを閉じます。

Step 12 ナビゲーションウィンドウの [Q都道府県抽出] クエリをダブルクリックして実行します。

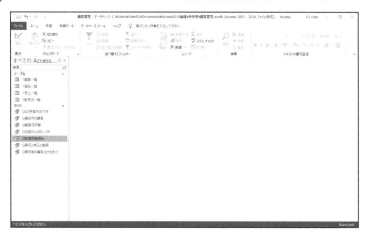

Step 13 [パラメーターの入力] ダイアログボックスに抽出条件を入力します。

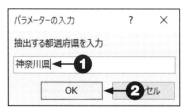

❶ ボックスに「神奈川県」と入力します。

❷ [OK] をクリックします。

第3章 クエリの作成 125

Step 14 実行結果が表示されます。

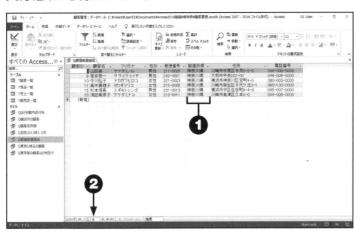

❶ [都道府県] フィールドが「神奈川県」のレコードだけが抽出されていることを確認します。

❷ 抽出されたレコードの件数が6件になっていることを確認します。

💡 ヒント
パラメータークエリの再実行
パラメータークエリの実行結果のデータシートを表示している状態で、再度パラメータークエリを実行するには、**Shift**＋**F9**キーを押します。データシート上に [パラメーターの入力] ダイアログボックスが開くので、異なる条件を設定して抽出できます。

Step 15 ✖ 'Q都道府県抽出' を閉じるボタンをクリックして、[Q都道府県抽出] クエリを閉じます。

💡 ヒント　一定の範囲を指定するパラメータークエリ

パラメータークエリで一定の範囲を設定することができます。日付や数量のフィールドで、Between ～ And ～ 演算子とパラメーターを組み合わせると、クエリを実行するたびに条件を変更して、一定の範囲のデータを抽出することができます。

パラメーターは、Between [パラメーター] And [パラメーター] と2つ設定し、それぞれのパラメーターには異なる文字列を入力します。クエリを実行すると、[パラメーターの入力] ダイアログボックスが2回開きます。

たとえば、[初回取引年月日] フィールドの [抽出条件] 行に「between [初めの年月日] and [最後の年月日]」と入力します。クエリを実行すると、最初に [初めの年月日] と表示された [パラメーターの入力] ダイアログボックスが開きます。抽出したい範囲の初めの年月日を入力して [OK] をクリックすると、次に [最後の年月日] と表示された [パラメーターの入力] ダイアログボックスが開きます。抽出したい最後の年月日を入力して [OK] をクリックすると、2つのパラメーターの入力で設定した範囲のデータが抽出されます。

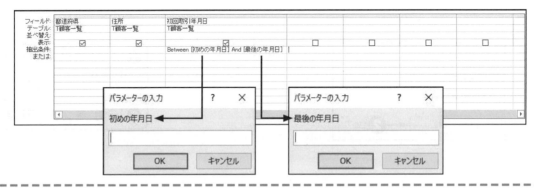

パラメータークエリ

複数のテーブルからのクエリの作成

複数のテーブルに分かれているフィールドをクエリ上で結合して1つのテーブルのように扱うことができます。また、クエリでは、演算フィールドを作成して、フィールド間の計算を行うことができます。

テーブルにリレーションシップを作成している場合、クエリのデザインビューで複数のテーブルを追加すると、自動的にテーブル間に結合線が表示されます。

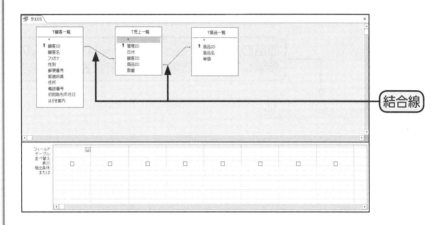

■ テーブルの結合

リレーションシップが設定された2つのテーブルから、必要なフィールドを追加して目的のデータを表示させることができます。クエリ上で複数のテーブルを結合するには、次のように必要なフィールドをそれぞれのフィールドリストからデザインビューに追加します。

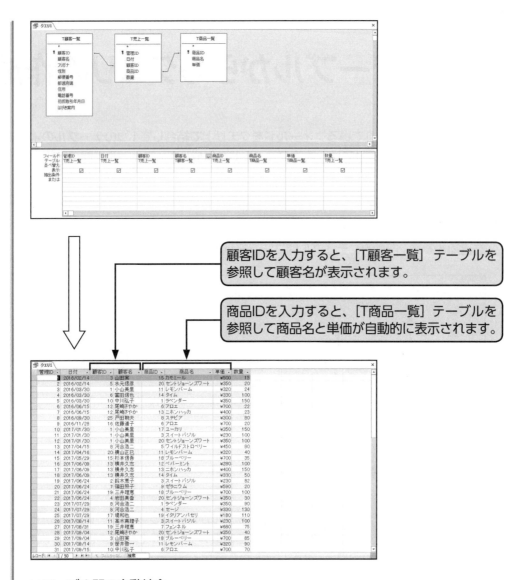

■ テーブル間の自動結合

テーブル間にリレーションシップを作成していない状態でも、クエリに追加したテーブルが次の条件をすべて満たしていればテーブルは自動的に結合されます。

・同じフィールド名
・同じデータ型(例外として、オートナンバー型フィールドと数値型フィールドは、[フィールドサイズ]プロパティに[長整数型]が設定されているときには、自動的に結合します)
・同じフィールドサイズ(数値型フィールドの場合)
・一方または両方が主キー

■ 演算フィールドと演算式の作成

クエリには計算機能があり、演算式を指定したフィールドにフィールド間の計算結果が表示されます。このようなフィールドを「演算フィールド」といい、デザイングリッドの[フィールド]セルに演算式を入力して作成します。

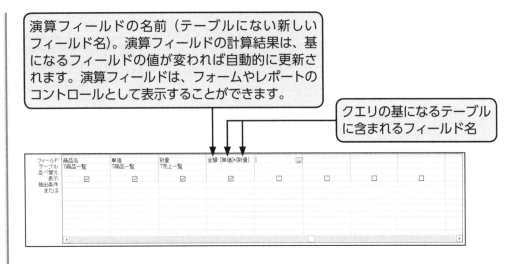

演算フィールドの名前と計算式の間は、半角コロン（：）で区切ります。フィールド名は、半角の角かっこ（[ ]）で囲みますが、半角の角かっこを省略して入力し、**Enter**キー押すと自動的に付けられます。

操作 クエリでテーブルを結合する

[T売上一覧] テーブルに、[T顧客一覧] テーブルから [顧客名] フィールド、[T商品一覧] テーブルから [商品名] フィールドと [単価] フィールドを追加したクエリを作成しましょう。

Step 1 基になるテーブルを指定して、クエリをデザインビューで開きます。

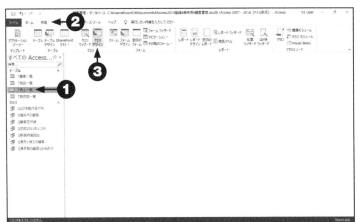

❶ ナビゲーションウィンドウの [T売上一覧] テーブルをクリックします。

❷ [作成] タブをクリックします。

❸ [クエリデザイン] ボタンをクリックします。

第 3 章　クエリの作成　*129*

Step 2 クエリで使用するテーブルを選択します。

❶ [テーブルの表示] ダイアログボックスが開き、[テーブル] タブが選択されていることを確認します。

❷ [T顧客一覧] が選択されていることを確認します。

❸ Shiftキーを押しながら [T売上一覧] をクリックします。

❹ [追加] をクリックします。

❺ [閉じる] をクリックします。

Step 3 フィールドリストを並べ替えます。

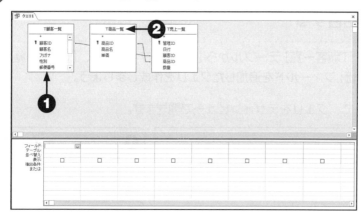

❶ [T顧客一覧] フィールドリストを広げます。

❷ [T商品一覧] フィールドリストのタイトルバーをドラッグして、[T売上一覧] フィールドリストの右側へ移動します。

Step 4 テーブル間の結合線を確認します。

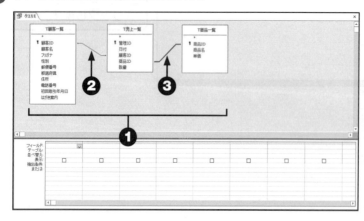

❶ ドラッグして、フィールドリストの位置を整えます。

❷ [T顧客一覧] テーブルと [T売上一覧] テーブルの [顧客ID] の結合線を確認します。

❸ [T商品一覧] テーブルと [T売上一覧] テーブルの [商品ID] の結合線を確認します。

Step 5 [T売上一覧] フィールドリストのフィールドをすべて追加します。

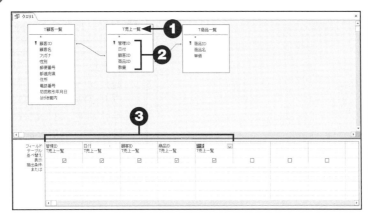

❶ [T売上一覧] フィールドリストのタイトルバーをダブルクリックします。

❷ すべてのフィールドが選択されていることを確認します。

❸ 反転した部分をデザイングリッドの [フィールド] 行までドラッグします。

Step 6 [T顧客一覧] フィールドリストの [顧客名] フィールドを追加します。

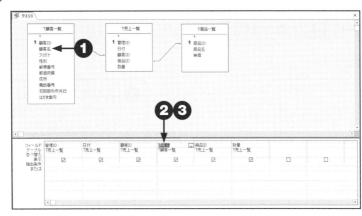

❶ [T顧客一覧] フィールドリストの [顧客名] をクリックします。

❷ [商品ID] フィールドの上へドラッグします。

❸ [顧客ID] フィールドの右側へ追加されたことを確認します。

Step 7 [T商品一覧] テーブルの [商品名] フィールドと [単価] フィールドを追加します。

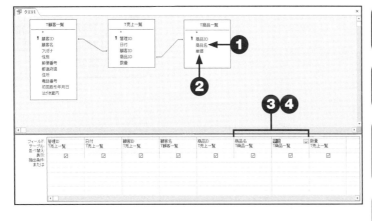

❶ [T商品一覧] フィールドリストの [商品名] をクリックします。

❷ **Shift**キーを押しながら [単価] をクリックします。

❸ 反転した部分をデザイングリッドの [数量] フィールドの上へドラッグします。

❹ [商品ID] フィールドの右側へ追加されたことを確認します。

Step 8 [デザイン] タブの [実行] ボタンをクリックして、クエリを実行します。

Step 9 実行結果が表示されます。

❶ フィールドの列幅を調整します。

❷ [売上一覧] テーブル、[顧客一覧] テーブル、[商品一覧] テーブルのそれぞれフィールドが結合されて、1つのテーブルとして表示されたことを確認します。

Step 10 クイックアクセスツールバーの 🗔 [上書き保存] ボタンをクリックします。

Step 11 クエリに名前を付けて保存します。

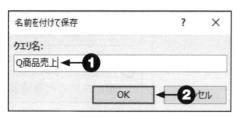

❶ [名前を付けて保存] ダイアログボックスの [クエリ名] ボックスに「Q商品売上」と入力します。

❷ [OK] をクリックします。

Step 12 [Q商品売上] クエリが作成されたことを確認します。

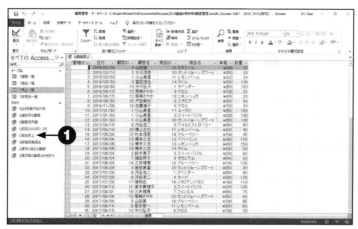

❶ ナビゲーションウィンドウの [クエリ] の下に [Q商品売上] クエリが追加されていることを確認します。

操作 演算フィールドを作成する

[Q商品売上]クエリに 演算フィールド[金額]を作成しましょう。

Step 1 [ホーム]タブの [表示]ボタンをクリックしてデザインビューに切り替えます。

Step 2 単価と数量フィールドを使用して金額を表示する演算フィールドを作成します。

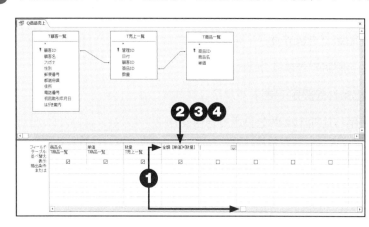

❶ 右方向にスクロールして、[数量]フィールドの右の[フィールド]行をクリックします。

❷「金額:単価*数量」と入力します。

❸ Enterキーを押します。

❹「金額:[単価]*[数量]」と表示されていることを確認します。

Step 3 [デザイン]タブの [実行]ボタンをクリックして、クエリを実行します。

Step 4 実行結果が表示されます。

❶ [金額]フィールドに計算結果が表示されていることを確認します。

Step 5 クイックアクセスツールバーの [上書き保存]ボタンをクリックして、[Q商品売上]クエリを上書き保存します。

Step 6 'Q商品売上'を閉じるボタンをクリックして、[Q商品売上]クエリを閉じます。

Step 7 閉じるボタンをクリックして、データベース「顧客管理」を閉じてAccessを終了します。

この章の確認

- ☐ クエリのデザインビューに必要なフィールドを追加できますか？
- ☐ デザインビューからクエリを実行して結果を表示できますか？
- ☐ クエリに並べ替えを設定できますか？
- ☐ クエリの抽出条件に単一条件を設定できますか？
- ☐ クエリの抽出条件にOR条件を設定できますか？
- ☐ クエリの抽出条件にAND条件を設定できますか？
- ☐ ワイルドカードを使用した抽出条件を設定できますか？
- ☐ Between～And～演算子を使用した抽出条件を設定できますか？
- ☐ パラメータークエリを作成できますか？
- ☐ 複数のテーブルを結合してクエリを作成して結果を表示できますか？
- ☐ クエリに演算フィールドを作成できますか？

復習問題　問題 3-1

［保存用］フォルダーのデータベース「販売管理」の［T売上一覧］テーブルを基に、完成例のような［Q商品売上］クエリを作成しましょう。
本章から学習を開始した場合は、［復習問題］フォルダーにあるデータベース「復習3_販売管理」を開きます。

■完成例

1. [T販売店一覧] テーブル、[T商品一覧] テーブル、[T売上一覧] テーブルの3つのテーブルを使用したクエリを作成しましょう。デザイングリッドには、次のフィールドを追加します。

フィールド名	テーブル名
管理ID	T売上一覧
日付	T売上一覧
販売店ID	T売上一覧
販売店名	T販売店一覧
商品ID	T売上一覧
商品名	T商品一覧
単価	T商品一覧
数量	T売上一覧

2. [単価] フィールドと [数量] フィールドを使用して、演算フィールド [金額] を作成しましょう。
3. クエリを実行して結果を確認しましょう。
4. クエリに [Q商品売上] という名前を付けて保存しましょう。
5. [Q商品売上] クエリを閉じましょう。

問題 3-2

[T販売店一覧] テーブルを基に、[Qはがき送付] クエリと、パラメータークエリ [Q都道府県抽出] クエリを作成しましょう。

■完成例

1. ［T販売店一覧］テーブルを基に、クエリを作成しましょう。
   ・デザイングリッドにはすべてのフィールドを追加します。

2. ［はがき案内］フィールドのYesを抽出する条件を設定しましょう。

3. クエリを実行して結果を確認しましょう。

4. クエリに［Qはがき送付］という名前を付けて保存しましょう。

5. ［Qはがき送付］クエリの抽出条件を削除しましょう。

6. ［都道府県］フィールドの抽出条件にパラメーターを設定しましょう。パラメーターの案内文字列として、「抽出する都道府県は？」と入力します。

7. クエリの名前を［Q都道府県抽出］に変更して保存しましょう。

8. クエリを実行しましょう。
   ・［T販売店一覧］テーブルの都道府県は、「東京都」、「神奈川県」、「千葉県」、「埼玉県」の4つです。任意の都道府県を入力してデータを抽出しましょう。

9. ［Q都道府県抽出］クエリを閉じましょう。

フォームの作成と編集

- フォームの作成
- フォームの編集
- フォームによるデータの入力

フォームの作成

テーブルやクエリを基にデータ入力のためのフォームを作成することができます。

データベースを作成して、データを格納するテーブルを作成したら、テーブルにデータを入力します。テーブルのデータシートビューでも入力できますが、フォームは1レコードを1画面に表示することができるので、フォームを利用してデータを入力する方法が一般的です。フォームを新規作成するには、主に次のような2つの方法があります。

■ フォームツールの使用
フォームツールを使用すると、[作成] タブの [フォーム] ボタンをクリックするだけでフォームを作成することができます。

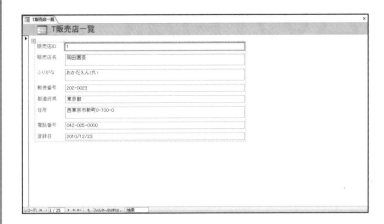

■ フォームウィザードの使用
フォームウィザードを使用して、フィールドやデザインを指定したフォームを作成します。フォームウィザードを使用すると、表示するフィールドを選択しながら対話形式でフォームを作成することができます。

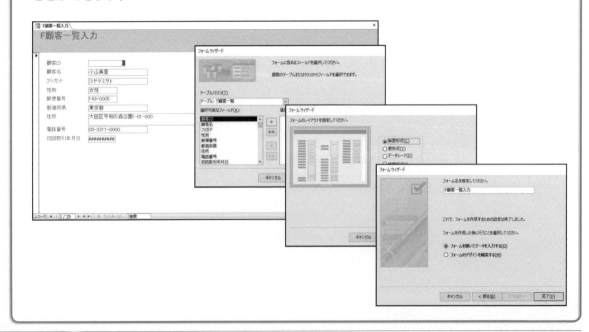

フォームツール

フォームツールを使用すると、基になるテーブルやクエリを選択してボタンをクリックするだけで、自動的にフォームが作成され、基になるテーブルやクエリのすべてのフィールドがフォームに表示されます。また、基になったテーブル名がフォームのタイトルとして自動的に表示されます。

フォームツールで作成できる主なフォームには、1回に1件のレコードを入力できる形式の「単票形式」と、複数のレコードを表形式で表示する「データシート形式」の2種類があります。

■ 単票形式

単票形式は、基になるテーブルを選択して [作成] タブの [フォーム] ボタンをクリックします。1件のレコードの詳細を確認する場合に使用します。

■ 表形式

表形式は、基になるテーブルを選択して [作成] タブの [その他のフォーム] ボタンをクリックし、[複数のアイテム] をクリックします。画面上に複数のレコードをリスト形式で表示します。レコードの一覧表示や検索に使用します。

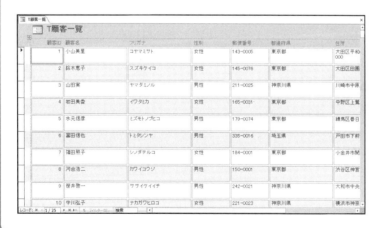

操作 フォームツールでフォームを作成する

[T販売店一覧] テーブルを基に、フォームツールで単票形式のフォームを作成しましょう。

Step 1 [保存用] フォルダーにあるデータベース「顧客管理」を開きます。本章から学習を開始する場合は、[Access2019基礎] フォルダーにあるデータベース「4章_顧客管理」を開きます。

Step 2 基になるテーブルを指定します。

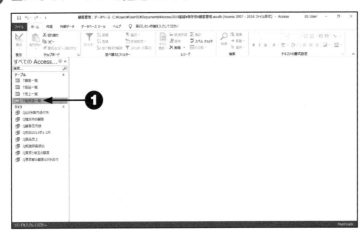

❶ ナビゲーションウィンドウの [T販売店一覧] テーブルをクリックします。

💡 ヒント
基になるテーブルの指定
フォームツールでフォームを作成するための基になるテーブルは、開いていても閉じていてもかまいません。

Step 3 フォームを作成します。

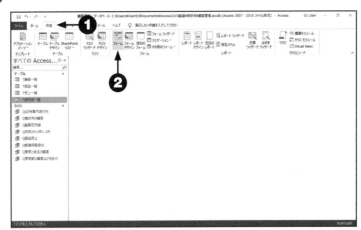

❶ [作成] タブをクリックします。

❷ [フォーム] ボタンをクリックします。

Step 4 単票形式のフォームが作成され、レイアウトビューで開きます。

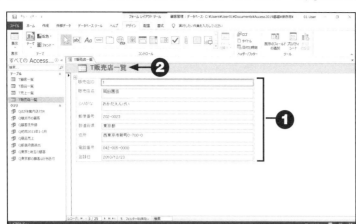

❶ すべてのフィールドが表示されていることを確認します。

❷ テーブル名がフォーム上部にタイトルとして表示されていることを確認します。

💡 **ヒント**
コントロール内のデータの配置
フォームツールで単票形式のフォームを作成すると、データ型に関係なく左揃えになります。

Step 5 フォームを保存して、フォーム名として「F販売店一覧」と指定します。

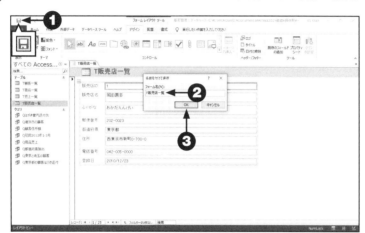

❶ クイックアクセスツールバーの[上書き保存]ボタンをクリックします。

❷ [名前を付けて保存]ダイアログボックスの[フォーム名]ボックスに「F販売店一覧」と入力します。

❸ [OK]をクリックします。

💡 **ヒント**
フォーム名
ここでは、フォームオブジェクトであることを区別しやすくするため、フォーム名の先頭に「F」を付けています。

Step 6 ✕ 'F販売店一覧' を閉じるボタンをクリックして、[F販売店一覧]フォームを閉じます。

Step 7 [F販売店一覧]フォームが作成されたことを確認します。

❶ ナビゲーションウィンドウの[フォーム]の下に[F販売店一覧]フォームが追加されていることを確認します。

第4章 フォームの作成と編集

ヒント フォームツールで作成したフォームの保存

フォームツールでフォームを作成した場合は、フォームを閉じる前に名前を付けて保存します。保存せずに閉じようとした場合でも、変更を保存するかどうかを確認するメッセージが表示され、[はい]をクリックすると、フォームに名前を付けて保存することができます。[いいえ]をクリックすると、作成したフォームは保存されません。

ヒント フォームのビュー

フォームツールで作成したフォームは、既定ではレイアウトビューで開きます。
現在どのフォームのビューなのかは、画面左下に表示されています。また、画面右下の表示選択ショートカットのビューの切り替えボタンでも確認できます。色が濃いボタンが現在のビューです。

このボタンをクリックしてビューを切り替えることもできます。

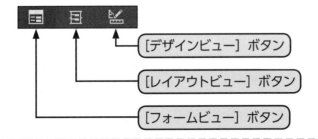

フォームウィザード

フォームウィザードを使用してフォームを作成すると、フォームに表示するフィールドを対話形式で指定することができます。

操作☞ フォームウィザードでフォームを作成する

[T顧客一覧] テーブルを基に、フォームウィザードで単票形式のフォームを作成しましょう。

Step 1 ナビゲーションウィンドウの [T顧客一覧] テーブルをクリックします。

Step 2 フォームウィザードを起動します。

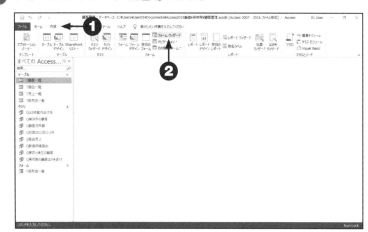

❶ [作成] タブをクリックします。

❷ [フォームウィザード] ボタンをクリックします。

Step 3 基になるテーブルを確認して [顧客ID] フィールドを選択します。

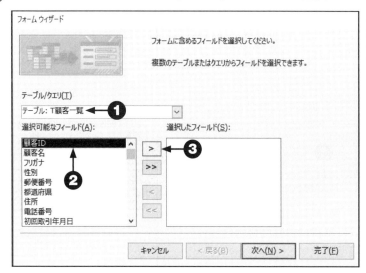

❶ [テーブル/クエリ] ボックスに、[テーブル:T顧客一覧] と表示されていることを確認します。

❷ [選択可能なフィールド] ボックスの [顧客ID] が選択されていることを確認します。

❸ [>] をクリックします。

第4章 フォームの作成と編集　143

Step 4 [顧客ID] フィールドが [選択したフィールド] ボックスに移動します。

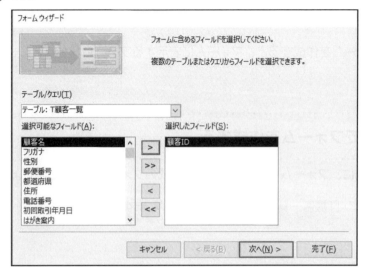

Step 5 同様に、[顧客名]、[フリガナ]、[性別]、[郵便番号]、[都道府県]、[住所]、[電話番号]、[初回取引年月日] の順番に [選択したフィールド] ボックスに移動します。

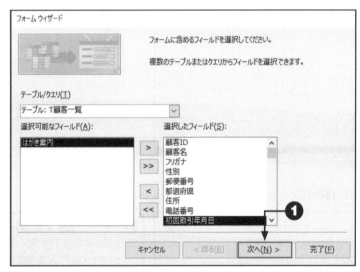

❶ [次へ] をクリックします。

💡 ヒント
選択したフィールドの解除
フィールドを間違って [選択したフィールド] ボックスへ追加した場合、[選択したフィールド] ボックスへ追加したフィールドを選択し、[<] をクリックして [選択可能なフィールド] ボックスへ移動します。

Step 6 フォームのレイアウトを指定します。

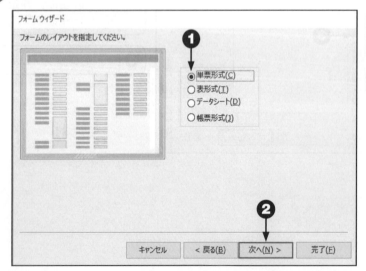

❶ [単票形式] が選択されていることを確認します。

❷ [次へ] をクリックします。

Step 7 フォーム名を指定します。

❶ [フォーム名を指定してください。] ボックスに「F顧客一覧入力」と入力します。

❷ [フォームを開いてデータを入力する] が選択されていることを確認します。

❸ [完了] をクリックします。

Step 8 単票形式の [F顧客一覧入力] フォームが作成され、フォームビューで開きます。

❶ ナビゲーションウィンドウの [フォーム] の下に [F顧客一覧入力] フォームが追加されていることを確認します。

Step 9 ✕ 'F顧客一覧入力' を閉じるボタンをクリックして、[F顧客一覧入力] フォームを閉じます。

フォームの編集

フォームのデザインビューでは、作成したフォームをより機能的で使用しやすいフォームに編集することができます。

作成したフォームの編集はデザインビューで行います。フォームのデザインビューでは、フォームを利用するユーザーが見やすく操作しやすいように、さまざまな設定を行うことができます。

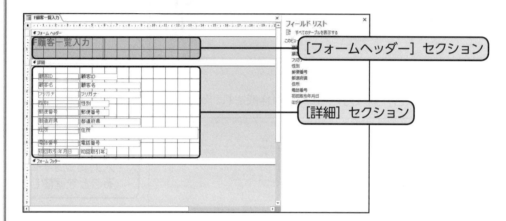

■ コントロール

フォームのセクションに配置されている部品（ラベルやテキストボックス、チェックボックスなど）を「コントロール」といいます。フィールド名がラベルとして表示され、フィールドのデータがテキストボックスなどのコントロールに表示されます。

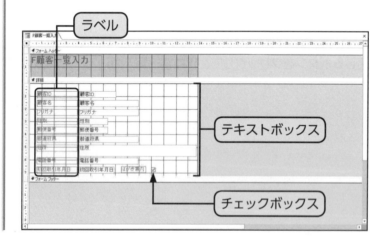

■ フォームのコントロールの種類

フォームの主なコントロールには、次のような種類があります。

名称	説明
ラベル	テキストボックスやコンボボックスなどの見出しやフォームのタイトルなど固定の文字列です。
テキストボックス	基のフィールドのデータの表示や、新たな文字、数値を入力できます。フィールドに連結しているテキストボックスでは、そのフィールドのデータ型以外の値を入力することはできません。
チェックボックス	オン（True）／オフ（False）を入力します。Yes/No型のフィールドをフォームに配置すると、チェックボックスとして配置されます。
リストボックス	常に選択肢がリスト形式で表示されます。あらかじめ設定した選択肢以外の値を入力することはできません。
コンボボックス	ボックスの▼をクリックすると、ドロップダウンリストが開いて選択肢が表示されます。選択肢の中に入力したい値がない場合は、ボックスに直接入力することができます。
オプションボタン	複数の選択肢の中から1つの値のみを選択します。複数の値を選択することはできません。
ボタン	マクロの割り当てを行い、実行します。
イメージ	ロゴなどの静的なグラフィックスや画像を表示します。

フィールドの追加

作成したフォームに、後からフィールドを追加することができます。フィールドをフォームに追加するには、[フィールドリスト] ウィンドウから追加したいフィールドをドラッグするか、追加したいフィールド名をダブルクリックします。

操作 フォームをデザインビューで開く

[F顧客一覧入力] フォームをデザインビューで開き、[フィールドリスト] ウィンドウを表示しましょう。

Step 1 [F顧客一覧入力] フォームをデザインビューで開きます。

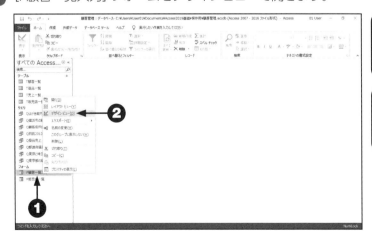

❶ ナビゲーションウィンドウの [F顧客一覧入力] を右クリックします。

❷ ショートカットメニューの [デザインビュー] をクリックします。

Step 2 [F顧客一覧入力] フォームがデザインビューで開きます。

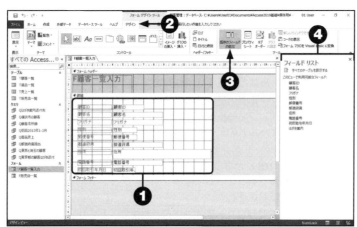

❶ フォームのデザイン画面の [詳細] セクションにラベルとテキストボックスが表示されます。

❷ リボンが [デザイン] タブに切り替わっていることを確認します。

❸ [フィールドリスト] ウィンドウが開いてない場合は、[既存のフィールドの追加] ボタンをクリックします。

❹ [フィールドリスト] ウィンドウが開いたことを確認します。

💡 **ヒント**
[フィールドリスト]ウィンドウの表示／非表示
[既存のフィールドの追加] ボタンをクリックして、[フィールドリスト] ウィンドウの表示／非表示を切り替えることができます。

操作☞ フィールドを追加する

[はがき案内] フィールドを[初回取引年月日] フィールドの右に追加しましょう。

Step 1 [フィールドリスト] ウィンドウから [はがき案内] フィールドをフォームに追加します。

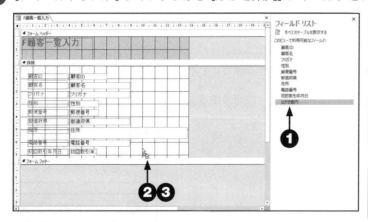

❶ [フィールドリスト] ウィンドウの [はがき案内] をポイントします。

❷ [初回取引年月日] フィールドの右側、水平ルーラーの目盛「10」を目安にドラッグします。

❸ マウスポインターの形が になっていることを確認して、マウスのボタンを離します。

Step 2 フォームに [はがき案内] フィールドが追加されます。

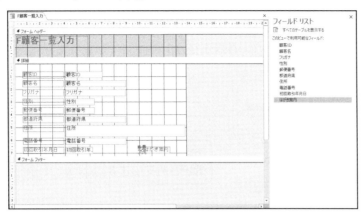

Step 3 [フィールドリスト] ウィンドウの ⨯ 閉じるボタンをクリックして、[フィールドリスト] ウィンドウを閉じます。

コントロールの配置とサイズ変更

フォームツールやフォームウィザードで作成したフォームは、レイアウトを自由に変更することができます。

フォームのレイアウトを変更する場合、配置されたコントロールを移動したり、サイズを変更して行います。

■ ハンドル
コントロールは、クリックすると編集対象として選択されます。コントロールを選択すると、四隅と各辺の中央に ■ (ハンドル) が表示されます。このハンドルをマウスで操作して、コントロールのサイズの変更や表示位置を移動することができます。

マウスポインターの形	機能
✥	移動
↔	サイズの変更（水平方向）
↕	サイズの変更（垂直方向）
↗ ↖	サイズの変更（水平垂直方向）
I	テキストの入力（クリック時）

第 4 章　フォームの作成と編集

■ ラベル

テキストボックスやチェックボックスなどのコントロールにはラベルが付いています。ラベルが選択されているか、テキストボックスやチェックボックスが選択されているかは、周囲の太線と各辺のハンドルの有無で判断します。選択されている方の周囲は太枠線で囲まれ、各辺にハンドルが表示されます。

■ コントロールの移動

ラベルとコントロールを移動するときは、マウスでポイントしたハンドルによって結果が異なります。ラベルやテキストボックスやチェックボックスなどをそれぞれ個別に移動するときは、移動したいコントロールの左上の大きいハンドルをポイントしてドラッグします。ラベルとテキストボックスやチェックボックスを一緒に移動するときは、ハンドル以外の太枠線をポイントしてドラッグします。

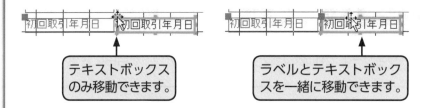

■ 複数のコントロールの選択

コントロールを複数同時に選択するには、次のような方法があります。

・移動するコントロールをマウスでドラッグして範囲選択します。
・1つ目のコントロールをクリックして選択した後、2つ目以降のコントロールを**Shift**キーを押しながらクリックして選択します。
・水平および垂直ルーラー上をクリックして、クリックした位置にあるコントロールをすべて選択します。

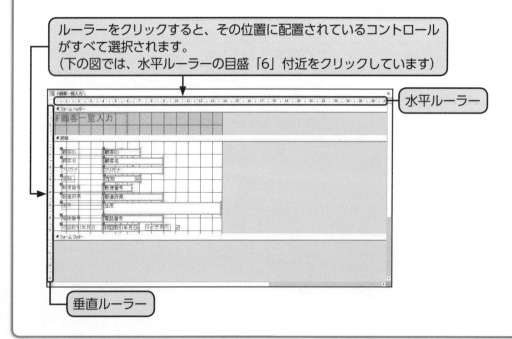

操作 コントロールのサイズを変更する

[初回取引年月日]テキストボックスの横幅を変更しましょう。

Step 1 [初回取引年月日]テキストボックスを選択します。

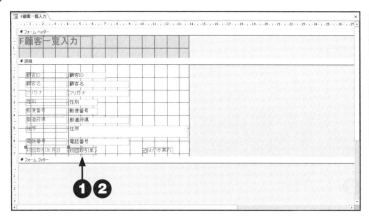

❶ [初回取引年月日]テキストボックスをクリックします。

❷ [初回取引年月日]テキストボックスに■(ハンドル)と太枠線が表示されていることを確認します。

Step 2 横幅を変更します。

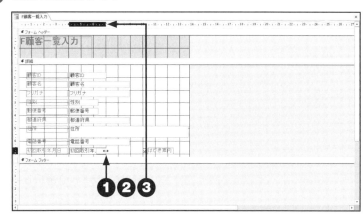

❶ [初回取引年月日]テキストボックスの右辺の中央の■(ハンドル)をポイントします。

❷ マウスポインターの形が ↔ になっていることを確認します。

❸ 水平ルーラーの目盛「7」を目安に右方向にドラッグします。

Step 3 [初回取引年月日]テキストボックスの横幅が広くなります。

操作 ラベルを移動する

[はがき案内] のラベルを [初回取引年月日] テキストボックスの右に移動しましょう。

Step 1 [はがき案内] ラベルを選択します。

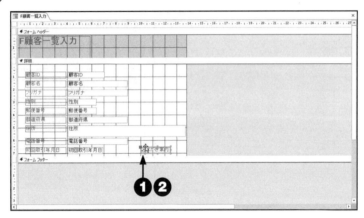

❶ [はがき案内] のラベルをクリックし、左上の■(ハンドル)をポイントします。

❷ マウスポインターの形が になっていることを確認します。

Step 2 [はがき案内] のラベルを移動します。

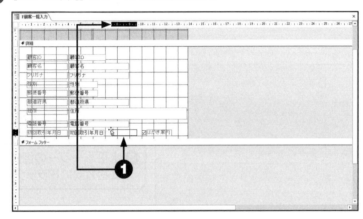

❶ ラベルの左辺が水平ルーラーの目盛「7.5」を目安にドラッグします。

ヒント
ドラッグするコントロール
ラベルとチェックボックスを同時に移動するには、ラベルを選択し、太枠線をポイントしてドラッグします。

Step 3 フォームビューに切り替えます。

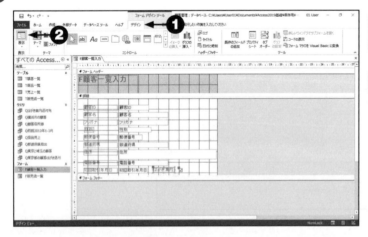

❶ [デザイン] タブをクリックします。

❷ [表示] ボタンをクリックします。

Step 4 [初回取引年月日] テキストボックスのサイズが変更され、[はがき案内] ラベルの配置が変更されたことを確認します。

Step 5 クイックアクセスツールバーの ![保存] [上書き保存] ボタンをクリックして、[F顧客一覧入力] フォームを上書き保存します。

ヒント キーボードを使用したコントロールの移動

選択したコントロールは、方向キーを押すとその方向に移動ができます。また、**Ctrl**キーを押しながら方向キーを押すとコントロールの配置を微調整することができます。

ヒント コントロールの位置を揃えたり、サイズや間隔を整える

グループ化されていない複数のコントロールの位置を正確に揃えるには、デザインビューであらかじめ対象となる複数のコントロールを選択し、[配置] タブの[配置] ボタンをクリックして表示されるメニューから選択します。

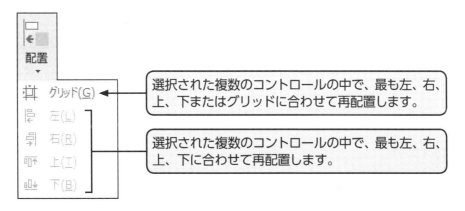

また、デザインビューの [配置] タブでは、グループ化されていない複数のコントロールのサイズや間隔も調整することができます。サイズや間隔を調整するには、[サイズ/間隔] ボタンをクリックして、表示されるメニューの [サイズ]、[間隔] から選択します。重ね位置を調整するには、[最前面へ移動] ボタン、[最背面へ移動] ボタンを使用します。

第 4 章 フォームの作成と編集 **153**

ヒント　コントロールのグループ化と解除

フォームツールでフォームを作成すると、フィールドのコントロールはすべてグループ化され、配置は1つのグループとして扱われます。後からフィールドを削除したときも、コントロールの配置は自動的に等間隔に設定され、幅を変更した場合は、すべてが同じ幅に変更されます。

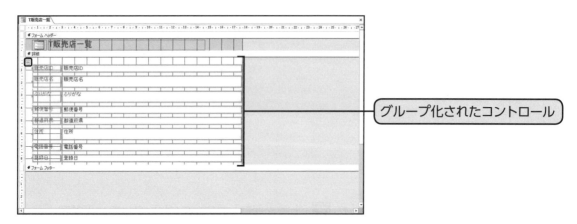

コントロールの配置やサイズを個別に変更するには、グループ化を解除して、個別のコントロールが選択できるようにする必要があります。

グループ化を解除するには、コントロールを選択すると左上に表示される ✥ をクリックして、グループ化されたすべてのコントロールを選択します。そして、[配置] タブの [レイアウトの削除] ボタンをクリックします。

プロパティ

フォームでも、テーブルと同様にフォーム全体やコントロールにプロパティ（属性）を設定することができます。設定は、プロパティシートを表示して行います。

> フォーム上で選択されているコントロールのプロパティは、「プロパティシート」に表示されます。コントロールのプロパティは、書式やデータ入力についてなど多くの設定項目があり、タブで分類されています。
>
> ■ プロパティシート
> プロパティシートを表示するには、次のような4つの方法があります。
> ・コントロールを選択して、[デザイン] タブの [プロパティシート] ボタンをクリックします。
> ・コントロールを右クリックして、ショートカットメニューの [プロパティ] をクリックします。
> ・コントロールを選択して、**F4** キーを押します。
> ・コントロールをダブルクリックします。

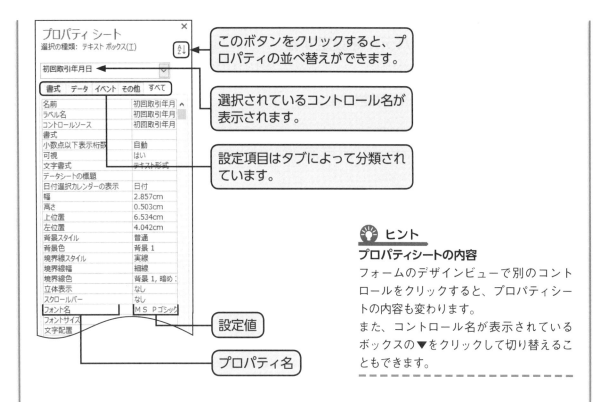

■ プロパティシートのプロパティの並べ替え

Access 2019では、フォームとレポートのプロパティの並べ替えができるようになりました。これまでは、多数のプロパティの中から特定のプロパティを見つけるのが難しいこともありましたが、必要なプロパティの名前が具体的にわかっている場合には、プロパティを並べ替えて簡単に見つけることができます。

フォームとレポートのプロパティシートをデザインビューで開くと、右上隅に並べ替えのボタンが表示されます。並べ替えられていない既定の設定では、Accessの通常の並び順でプロパティが表示されます。

この状態でボタンをクリックすると、プロパティの一覧はアルファベット順（漢字はJISコード順）に並べ替えられます。再度このボタンをクリックすると、並べ替えは既定の設定に戻ります。

■ [ラベル名]プロパティ

Access 2019には、ラベルコントロールを別のコントロールに関連付けることができるように、コントロールに[ラベル名]と呼ばれる新しいプロパティが追加されました。以前は、ラベルコントロールを切り取ってから別のコントロールに貼り付けて、関連付ける必要がありましたが、新しい[ラベル名]プロパティを使用すると、ラベルコントロールの名前を入力するだけで簡単に関連付けることができます。

ラベル名をコントロールと関連付けることで、ユーザー補助機能が関連付けを検出して表示できるようになり、アクセシビリティが向上します。

■ [既定値]プロパティについて

データ型が、オートナンバー型またはOLEオブジェクト型以外のすべてのフィールドで、新規レコードを追加するときに自動的に入力される値を指定することができます。既定値として設定できる値は、テキストや式です。

日付/時刻型の場合、「Date()」と設定すると現在の日付が表示され、「Now()」と設定すると現在の日付と時刻が自動表示されます。

操作 [既定値] プロパティを設定する

新規レコードの [初回取引年月日] フィールドに、自動的に今日の日付が表示されるように [既定値] プロパティを設定しましょう。

Step 1 デザインビューに切り替えます。

❶ [表示] ボタンの▼をクリックします。

❷ [デザインビュー] をクリックします。

💡 ヒント
ビューの切り替え
[表示] ボタンのアイコンに表示されているビュー以外のビューに切り替えるには、[表示] ボタンの▼をクリックして、一覧から目的のビューをクリックします。
または、画面右下の表示選択ショートカットのビューの切り替えボタンから、目的のビューのボタンをクリックします。

Step 2 [初回取引年月日] テキストボックスのプロパティシートを表示します。

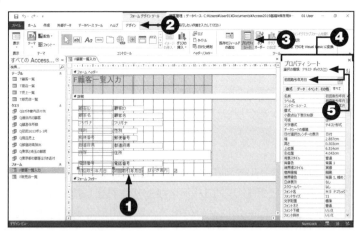

❶ [初回取引年月日] テキストボックスをクリックします。

❷ [デザイン] タブが選択されていることを確認します。

❸ [プロパティシート] ボタンをクリックします。

❹ プロパティシートが表示されていることを確認します。

❺ プロパティシートに [選択の種類:テキストボックス] と表示され、[名前] ボックスに [初回取引年月日] と表示されていることを確認します。

Step 3 Date関数を作成します。

❶ プロパティシートの [データ] タブをクリックします。

❷ [既定値] ボックスをクリックして、「date()」と入力します。

❸ Enterキーを押します。

💡 **ヒント**
Date関数の入力
入力はすべて小文字で入力しても、確定すると「Date()」と表示されます。

Step 4 プロパティシートの ☒ 閉じるボタンをクリックして、プロパティシートを閉じます。

Step 5 クイックアクセスツールバーの 🖫 [上書き保存] ボタンをクリックして、[F顧客一覧入力] フォームを上書き保存します。

❗ **重要** **テーブルのプロパティとフォームのプロパティ**
テーブルで設定したプロパティは、そのままフォームに引き継がれるため、フォームで再度プロパティを設定する必要はありません。ただし、フォームで設定したプロパティは、基になっているテーブルには引き継がれません。

💡 **ヒント** **フォーム全体のプロパティ**
フォームの左上にあるフォームセレクターをクリックすると、フォーム全体を選択したことになり、プロパティシートを表示すると、フォーム全体に関するプロパティを設定することができます。

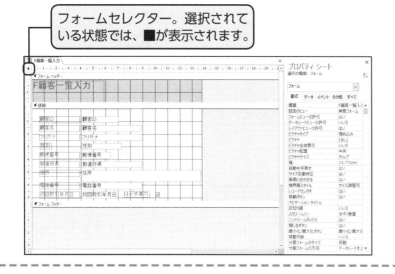

フォームセレクター。選択されている状態では、■が表示されます。

［フォームヘッダー］セクションの編集

フォームツールやフォームウィザードでフォームを作成すると、［フォームヘッダー］セクションにフォーム名がタイトルとして表示されます。このタイトルは編集することができます。

操作 ［フォームヘッダー］セクションのタイトルを編集する

［フォームヘッダー］セクションに表示された「F顧客一覧入力」を「顧客入力」に変更しましょう。

Step 1 タイトルを選択します。

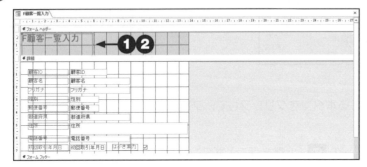

❶ タイトルの「F顧客一覧入力」をクリックします。

❷ ■（ハンドル）が表示されていることを確認します。

Step 2 タイトル文字中にカーソルを移動します。

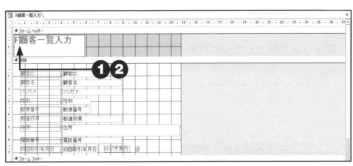

❶「F顧客一覧入力」の文字上をクリックします。

❷ カーソルが表示されていることを確認します。

Step 3「顧客入力」に変更します。

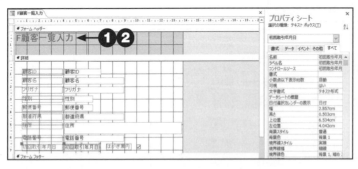

❶ DeleteキーまたはBackspaceキーを使用して、「F」と「一覧」を削除します。

❷ Enterキーを押して変更を確定します。

Step 4 クイックアクセスツールバーの ■［上書き保存］ボタンをクリックして、［F顧客一覧入力］フォームを上書き保存します。

158　フォームの編集

フォームによるデータの入力

フォームで入力したデータは、フォームの作成の基になっているテーブルに保存されます。テーブルに直接データを入力することもできますが、フォームを使用して入力すると画面も見やすく、効率よく作業を行うことができます。

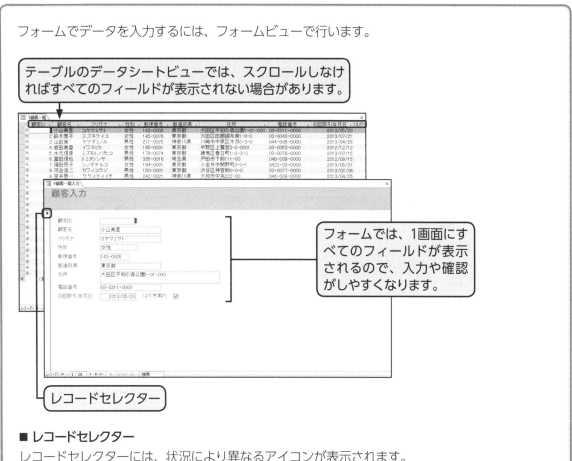

■ レコードセレクター
レコードセレクターには、状況により異なるアイコンが表示されます。
レコードセレクターに表示されるアイコンの意味は、次のとおりです。

レコードセレクターのアイコン	内容
▶	保存されているレコード
🖉	編集中のレコード

■ フィールド間の移動
データ入力時に次のフィールドにカーソルを移動するには、次のような方法があります。
・**Tab**キーまたは**Enter**キーを押します。
・移動先のフィールドをマウスでクリックします。

第4章 フォームの作成と編集　159

操作☛ フォームを使用して新規レコードを入力し、[既定値] プロパティを確認する

[F顧客入力一覧] フォームを使用して次のような新規レコードを入力し、[初回取引年月日] フィールドに今日の日付が自動的に表示されることを確認しましょう。

フィールド名	入力内容
顧客ID	自動的に表示されます。
顧客名	遠藤玲子
フリガナ	エンドウレイコ（自動的に表示されます）
性別	女性
郵便番号	330-0044（「-」は自動的に表示されます）
都道府県	埼玉県（自動的に表示されます）
住所	さいたま市浦和区瀬ケ崎0-1-1（住所は自動的に表示されます。番地は入力します）
電話番号	048-010-0000
初回取引年月日	今日の日付（自動的に表示されます）
はがき案内	オン

Step 1 フォームビューに切り替えます。

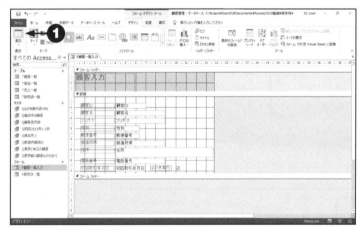

❶ [表示] ボタンをクリックします。

Step 2 新規入力用の空フォームを開きます。

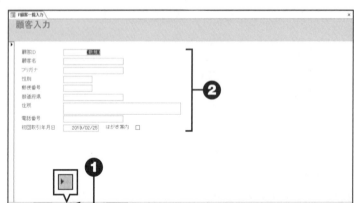

❶ [新しい（空の）レコード] ボタンをクリックします。

❷ 入力用の空のフォームが開いていることを確認します。

Step 3 顧客名と性別を入力します。

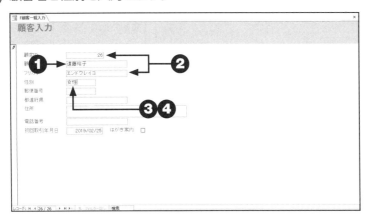

❶ Tabキーを押して、[顧客名] ボックスに「遠藤玲子」と入力します。

❷ [顧客ID] ボックスに [26] と表示され、[フリガナ] ボックスに「エンドウレイコ」とふりがなが表示されていることを確認します。

❸ Tabキーを2回押して [性別] フィールドにカーソルを移動します。

❹ [性別] ボックスに「女性」と入力します。

Step 4 郵便番号を入力します。

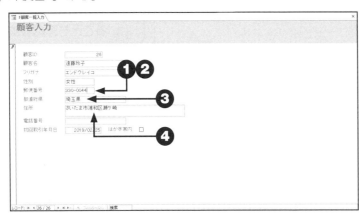

❶ Tabキーを押して [郵便番号] フィールドにカーソルを移動します。

❷ [郵便番号] ボックスに「330-0044」と入力します。

❸ [都道府県] ボックスに [埼玉県] と表示されていることを確認します。

❹ [住所] ボックスに、[さいたま市浦和区瀬ケ崎] と表示されていることを確認します。

Step 5 住所の続きを入力します。

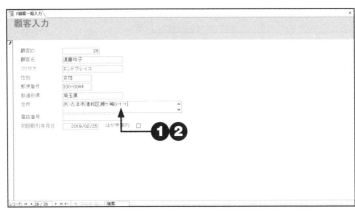

❶ [住所] ボックスの「瀬ケ崎」の「崎」の右側をクリックします。

❷ 半角で「0-1-1」と入力します。

第4章 フォームの作成と編集　*161*

Step 6 電話番号を入力します。

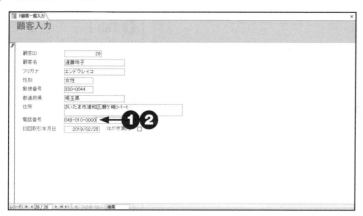

❶ Tabキーを押して［電話番号］フィールドにカーソルを移動します。

❷ ［電話番号］ボックスに半角で「048-010-0000」と入力します。

Step 7 初回取引年月日を確認します。

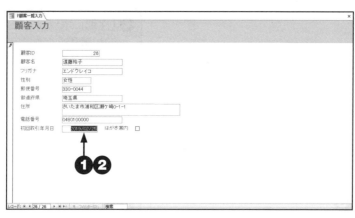

❶ Tabキーを押して［初回取引年月日］フィールドにカーソルを移動します。

❷ ［既定値］プロパティの設定によって今日の日付が表示されていることを確認します。

Step 8 はがき案内を入力します。

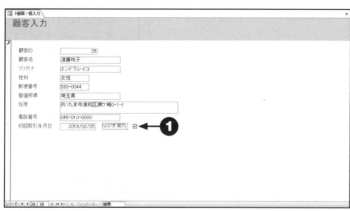

❶ ［はがき案内］チェックボックスをオンにします。

コントロールの種類の変更

フォームでは用途に適したコントロールを配置して、より使いやすいフォームに編集することができます。

リストボックスやコンボボックスを使用すると、表示されるリストの中から選択するだけでデータを入力することができるので、迅速かつ正確なデータの入力が可能になります。

■ **リストボックス**
常に選択肢がリスト形式で表示されます。リストボックスでは、あらかじめ設定した選択肢以外の値を入力することはできません。

■ **コンボボックス**
ボックスの▼をクリックすると、ドロップダウンリストが開いて選択肢が表示されます。コンボボックスでは、選択肢の中に入力したい値がない場合には、ボックスに値を直接入力することができます。また、リストボックスに比べてフォーム上での領域を占めません。
コンボボックスの [入力チェック] プロパティの既定値は、[はい] が設定されており、選択肢以外の値は入力できません。選択肢以外に入力ができるよう [いいえ] を設定することもできます。

第4章　フォームの作成と編集　163

■ リストに表示する値

リストボックスやコンボボックスのリストに表示する値は、主にテーブルやクエリを使用して作成する方法と、個別の文字列を入力して作成する方法があります。どちらもコントロールの [値集合タイプ] プロパティと、[値集合ソース] プロパティで設定します。
コントロールを作成するときに、コントロールウィザードを使用すると各プロパティは、自動的に設定されます。

リストの表示内容	[値集合タイプ] プロパティ	[値集合ソース] プロパティ
テーブルまたはクエリの値	[テーブル/クエリ]	テーブル名またはクエリ名
任意の文字列	[値リスト]	文字列を半角セミコロン (;) で区切って列挙

操作 コンボボックスを作成する

[F顧客一覧入力] フォームの [性別] テキストボックスを削除して、その代わりとなるコンボボックスをウィザードを使用して作成しましょう。

Step 1 フォームのコントロールを確認します。

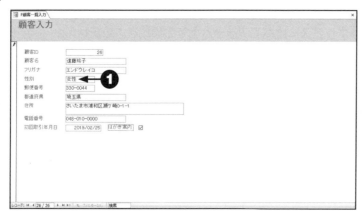

❶ [性別] の値がテキストボックスに表示されていることを確認します。

Step 2 [ホーム] タブの [表示] ボタンの▼をクリックし、[デザインビュー] をクリックしてデザインビューに切り替えます。

Step 3 [性別] テキストボックスを削除します。

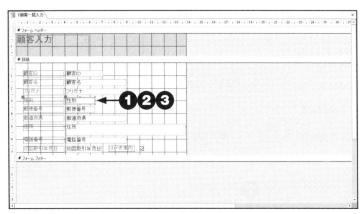

❶ [性別] テキストボックスをクリックします。

❷ [性別] テキストボックスに太枠線が表示されていることを確認します。

❸ Deleteキーを押します。

❹ [性別] のラベルとテキストボックスが削除されたことを確認します。

Step 4 [コントロールウィザードの使用] が選択されているかを確認します。

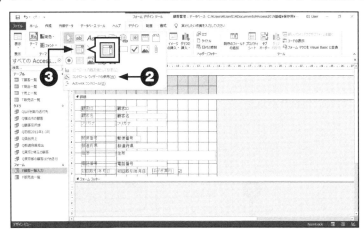

❶ [デザイン] タブの [コントロール] グループの [その他] ボタンをクリックします。

❷ [コントロールウィザードの使用] が選択されていることを確認します。

❸ [コンボボックス] をクリックします。

ヒント
[コントロールウィザードの使用]
コントロールを追加する場合には、いくつかのプロパティを設定する必要があります。[コントロールウィザードの使用] を選択した状態でコントロールを作成すると、選択したコントロールに対応するウィザードが起動して、対話形式でプロパティを簡単に設定することができます。

Step 5 コンボボックスウィザードを起動します。

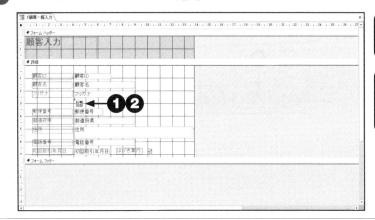

❶ [フリガナ] テキストボックスの下をポイントします。

❷ マウスポインターの形が ⁺▤ になっていることを確認して、クリックします。

第4章 フォームの作成と編集 | **165**

Step 6 コンボボックスに表示する値の種類を指定します。

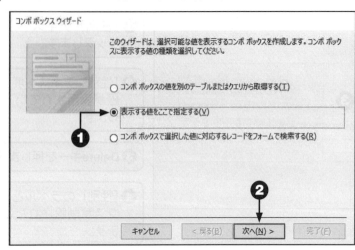

❶ [表示する値をここで指定する] をクリックします。

❷ [次へ] をクリックします。

Step 7 コンボボックスに表示するリストを入力します。

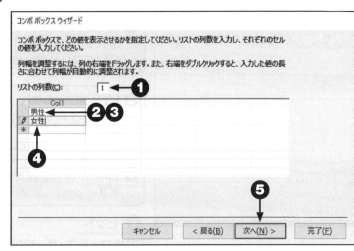

❶ [リストの列数] ボックスが [1] になっていることを確認します。

❷ [Col1] の列の1行目をクリックします。

❸ 「男性」と入力します。

❹ **Tab**キーを押して、2行目に「女性」と入力します。

❺ [次へ] をクリックします。

Step 8 コンボボックスに値を保存するフィールドを指定します。

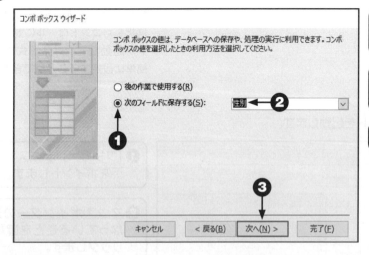

❶ [次のフィールドに保存する] をクリックします。

❷ ボックスの▼をクリックして、[性別] をクリックします。

❸ [次へ] をクリックします。

Step 9 コンボボックスのラベルを指定します。

❶ [コンボボックスに付けるラベルを指定してください。] ボックスに「性別」と入力します。

❷ [完了] をクリックします。

Step 10 コンボボックスが作成されていることを確認します。

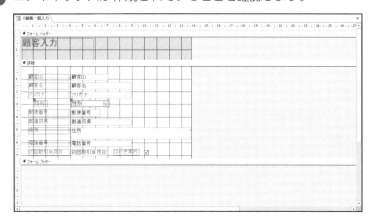

操作 👉 コンボボックスに名前を付ける

作成したコンボボックスに名前を設定しましょう。

Step 1 プロパティシートを表示します。

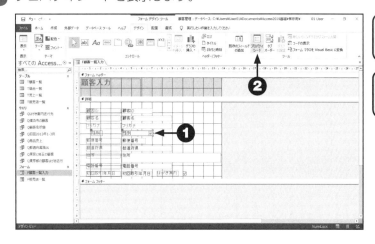

❶ 追加したコンボボックスが選択されていることを確認します。

❷ [プロパティシート] ボタンをクリックします。

第 4 章　フォームの作成と編集

Step 2 名前を設定します。

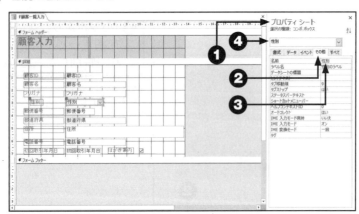

❶ プロパティシートが表示されていることを確認します。

❷ [その他] タブをクリックします。

❸ [名前] ボックスに「性別」と入力して、**Enter**キーを押します。

❹ コンボボックスの名前が変更されていることを確認します。

Step 3 プロパティシートの ✕ 閉じるボタンをクリックして、プロパティシートを閉じます。

操作 ☞ ラベルとコンボボックスの位置を調整する

[性別] のラベルの先頭を他のラベルの先頭位置に合わせましょう。

Step 1 [性別] のラベルを選択します。

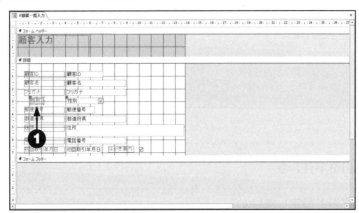

❶ [性別] のラベルをクリックします。

Step 2 [性別] のラベルのみ移動します。

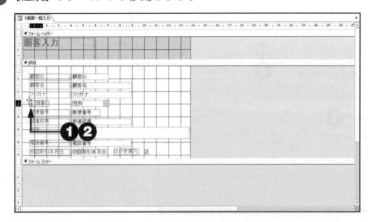

❶ [性別] のラベルの左上の ■ （ハンドル）をポイントします。

❷ マウスポインターの形が になったら左方向へドラッグして、[フリガナ] のラベルの先頭に合わせます。

Step 3 クイックアクセスツールバーの 🔲 [上書き保存] ボタンをクリックして、[F顧客一覧入力] フォームを上書き保存します。

Step 4 [デザイン] タブの [表示] ボタンをクリックして、フォームビューに切り替えます。

Step 5 性別のリストが表示されることを確認します。

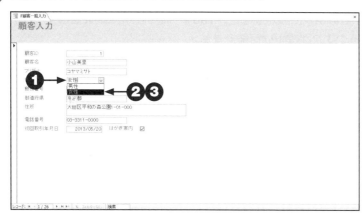

❶ [性別] ボックスの▼をクリックします。

❷ ドロップダウンリストが開きます。

❸ **Esc**キーを押して、ドロップダウンリストを閉じます。

💡 ヒント　[リスト項目の編集] ダイアログボックスを開くためのショートカットキー

フォームでの作業中、値リストのあるコンボボックスにフォーカスを移動すると [リスト項目の編集] ボタンが表示されますが、このときに**Ctrl+E**キーを押してもダイアログボックスを開くことができます。なお、この機能はボタン、キー共に、コンボボックスで値リストをデータソースとして使用していて、[値リストの編集の許可] プロパティを [はい] に設定している場合に使用できます。

💡 ヒント　リストボックスとコンボボックスの主なプロパティ

コントロールウィザードで作成したリストボックスとコンボボックスには、いくつかのプロパティが設定されます。プロパティを変更してカスタマイズすることもできます。リストボックスとコンボボックスの主なプロパティは次のとおりです。

プロパティ	用途
コントロールソース	入力値として使用するフィールドをリストから指定します。
値集合ソース	コントロールのデータソースを指定します。
値集合タイプ	コントロールのデータソースの種類を指定します。
列数	コントロールに表示する列数を指定します。
列幅	リストの列幅を指定します。複数の列をリストに表示するには、1列目（左端）から順に値をセミコロン（;）で区切って入力します。
リスト幅	リストの横幅を指定します。

💡 ヒント　コントロールの種類の変更

コントロールの種類を変更するには、デザインビューで変更したいコントロールを右クリックして、ショートカットメニューの [コントロールの種類の変更] をポイントして、目的のコントロールをクリックします。

変更後、 [プロパティシート] ボタンをクリックしてプロパティシートを表示して、[データ] タブでコントロールの種類に応じたプロパティを設定します。

第4章　フォームの作成と編集　*169*

コントロールの入力順の変更

フォーム上で、**Enter**キーや**Tab**キーを押したときのカーソルが移動する順番は、配置されたコントロールの順です。この入力順のことを「タブオーダー」といいます。グループ化されていない場合、コントロールの位置を変更したり、新規に追加すると、カーソルの移動順序が変わります。コントロールの入力順を変更したい場合は、タブオーダーの設定を変更します。
また、[タブストップ] プロパティを「いいえ」に設定すると、**Tab**キーを押したときにコントロールが選択できなくなります。ただし、マウスでクリックすれば選択は可能です。

操作 コントロールの入力順を確認する

[F顧客一覧入力] フォームの入力を確認しましょう。

Step 1 入力順を確認します。

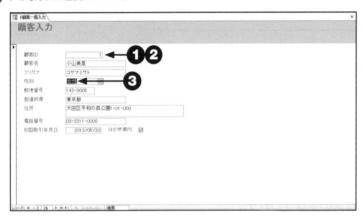

❶ [顧客ID] ボックスをクリックします。

❷ **Tab**キーを9回押します。

❸ [性別] ボックスには、最後にカーソルが移動することを確認します。

操作 入力順を変更する

[F顧客一覧入力] フォームの [性別] ボックスの入力順を [フリガナ] ボックスの次に変更しましょう。

Step 1 [ホーム] タブの [表示] ボタンの▼をクリックし、[デザインビュー] をクリックしてデザインビューに切り替えます。

Step 2 [タブオーダー] ダイアログボックスを開きます。

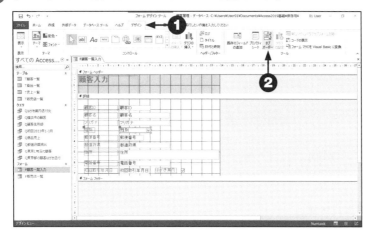

❶ [デザイン] タブが選択されていることを確認します。

❷ [タブオーダー] ボタンをクリックします。

Step 3 [性別] コントロールを選択します。

❶ [セクション] ボックスの [詳細] が選択されていることを確認します。

❷ [タブオーダーの設定] ボックスの [性別] のセレクター（左端のグレーの部分）をポイントし、マウスポインターの形が➡になったらクリックします。

❸ [性別] が選択されていることを確認します。

第4章 フォームの作成と編集　*171*

Step 4　[性別] ボックスの入力順を変更します。

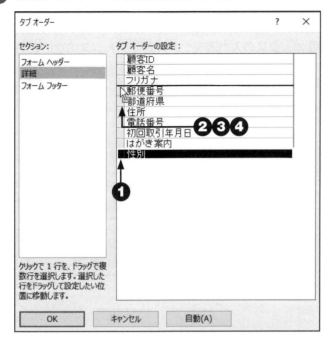

❶ [タブオーダーの設定] ボックスの [性別] のセレクターをポイントします。

❷ [フリガナ] の下までドラッグします。

❸ マウスポインターの形が になり、[フリガナ] の下に太線が表示されていることを確認します。

❹ マウスのボタンを離します。

Step 5　タブオーダーの設定が変更されます。

❶ [性別] が [フリガナ] の下に移動したことを確認します。

❷ [OK] をクリックします。

操作 タブストップを設定する

[F顧客一覧入力] フォームの [顧客ID] テキストボックスにタブストップを設定しましょう。

Step 1 プロパティシートを表示します。

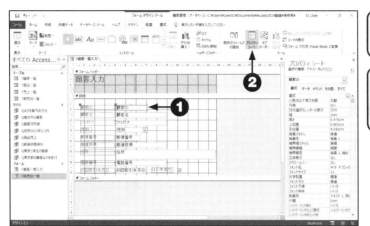

❶ [顧客ID] テキストボックスを選択します。

❷ [デザイン] タブの [プロパティシート] ボタンをクリックします。

Step 2 タブストップの設定をします。

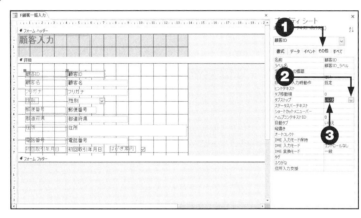

❶ プロパティシートの [その他] タブをクリックします。

❷ [タブストップ] プロパティをクリックして、▼をクリックします。

❸ [いいえ] をクリックします。

Step 3 プロパティシートの ✕ 閉じるボタンをクリックして、プロパティシートを閉じます。

Step 4 クイックアクセスツールバーの 🔲 [上書き保存] ボタンをクリックして、[F顧客一覧入力] フォームを上書き保存します。

第4章 フォームの作成と編集

操作 変更した入力順を確認する

変更した[F顧客一覧入力]フォームの入力順とタブストップを確認しましょう。

Step 1 [ホーム]タブの [表示]ボタンをクリックして、フォームビューに切り替えます。

Step 2 入力順を確認します。

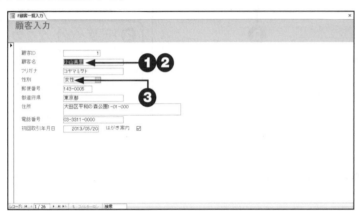

❶ [顧客ID]ボックスではなく、[顧客名]ボックスが選択されていることを確認します。

❷ **Tab**キーを2回押します。

❸ [性別]ボックスにカーソルが移動したことを確認します。

Step 3 ✕ 'F顧客一覧入力'を閉じるボタンをクリックして、[F顧客一覧入力]フォームを閉じます。

Step 4 ✕ 閉じるボタンをクリックして、データベース「顧客管理」を閉じてAccessを終了します。

ヒント フォームに表示されたデータの保護

フォームに表示されたデータを保護するために、コントロールにカーソルが移動しないように設定することができます。ここでは、コントロールの[使用可能]プロパティと[編集ロック]プロパティを組み合わせて使用する方法を紹介します。

■ [使用可能]プロパティ

コントロールが、マウスやキーボードによりユーザーからの入力を受け付ける状態にするかどうかを指定します。
はい……………受付可能(既定値)
いいえ…………受付不可能

■ [編集ロック]プロパティ

コントロールに表示されている値を編集できるかどうかを指定します。
はい……………編集不可能
いいえ…………編集可能(既定値)

カーソルを移動せずに、編集もできない状態にするには[使用可能]プロパティに[いいえ]、[編集ロック]プロパティに[はい]を設定します。

この章の確認

- ☐ フォームツールを使用してフォームを作成できますか？
- ☐ フォームウィザードを使用してフォームを作成できますか？
- ☐ 作成したフォームにフィールドを追加できますか？
- ☐ フォームのコントロールのサイズと配置を変更できますか？
- ☐ フォームのコントロールを移動できますか？
- ☐ コントロールの既定値を設定できますか？
- ☐ フォームのタイトルを変更できますか？
- ☐ フォームを使用してテーブルにデータを入力できますか？
- ☐ フォームウィザードを使用してコンボボックスを作成できますか？
- ☐ フォームのコントロールの入力順を変更できますか？

問題 4-1

[保存用]フォルダーのデータベース「販売管理」の[Q商品売上]クエリを基に、完成例のような[F商品売上入力]フォームを作成しましょう。
本章から学習を開始した場合は、[復習問題]フォルダーにあるデータベース「復習4_販売管理」を開きます。

■完成例

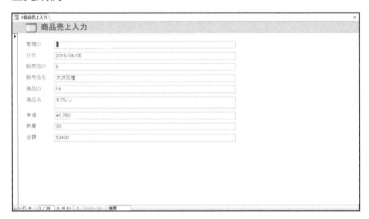

1. [Q商品売上]クエリを基に、フォームツールを使用して単票形式のフォームを新規に作成しましょう。

2. フォームのタイトルを「商品売上入力」に変更しましょう。

3. フォームビューに切り替えて2番目のレコードを表示し、次に最後のレコードを表示しましょう。

4. フォームに「F商品売上入力」という名前を付けて保存しましょう。

5. [F商品売上入力]フォームを閉じましょう。

問題 4-2

[T販売店一覧] テーブルを基に、完成例のようなデータ入力用の [F販売店入力] フォームを作成しましょう。

■完成例

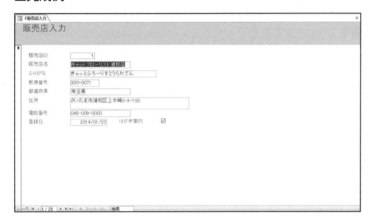

1. [T販売店一覧] テーブルを基に、すべてのフィールドを追加した単票形式のフォームをフォームウィザードで作成しましょう。フォームに「F販売店入力」という名前を付けましょう。

2. フォームのタイトルを「販売店入力」に変更しましょう。

3. [販売店ID] テキストボックスの右端を縮めましょう。
   ・目安：水平ルーラーの目盛「6」

4. [ふりがな] テキストボックスと [登録日] テキストボックスの右端を広げましょう。
   ・[ふりがな] テキストボックス→目安：水平ルーラーの目盛「11」
   ・[登録日] テキストボックス→目安：水平ルーラーの目盛「7」

5. [はがき案内] のラベルとチェックボックスを [登録日] テキストボックスの右へ移動しましょう。
   ・目安：[はがき案内] ラベルの左辺が水平ルーラーの目盛「8」

6. [販売店ID] テキストボックスにタブストップを設定し、プロパティシートを閉じましょう。

7. フォームビューに切り替えて、レイアウトの変更と販売店名が選択されていることを確認しましょう。

8. [F販売店入力] フォームを上書き保存して閉じましょう。

レポートの作成と編集

- ▌ レポートの作成
- ▌ レポートの編集
- ▌ 宛名ラベルの作成

レポートの作成

テーブルやクエリのデータを基にさまざまな印刷のレイアウトをレポートとして作成することができます。

フォーム同様、[作成] タブの [レポート] ボタンをクリックするだけでレポートを作成するレポートツールを使用する方法と、対話形式でレポートを作成できるレポートウィザードを使用する方法があります。

■ レポートツールの使用

基になるテーブルやクエリを選択して [作成] タブの [レポート] ボタンをクリックするだけで、自動的にレポートが作成され、基になるテーブルやクエリのすべてのフィールドがレポートに表示されます。また、基になったテーブル名が、レポートのタイトルとして自動的に表示されます。

■ レポートウィザードの使用

レポートウィザードを使用すると、印刷するフィールドの指定やレイアウトの選択など対話形式でレポートを作成することができます。

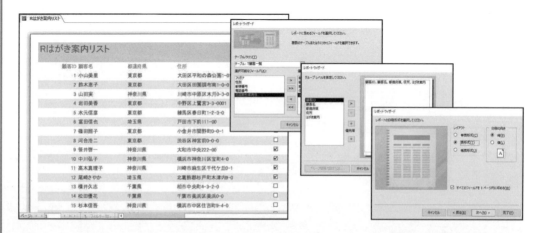

ウィザードには、レポートウィザードの他に市販の宛名ラベルに印刷する「宛名ラベルウィザード」、市販の納品書や売上伝票などに印刷する「伝票ウィザード」、郵便はがき、年賀はがきなどに印刷する「はがきウィザード」などがあります。

レポートツール

レポートツールを使用すると、基になるテーブルやクエリを選択して [レポート] ボタンをクリックするだけで、自動的に表形式のレポートが作成され、基になるテーブルやクエリのすべてのフィールドがレポートに表示されます。また、基になったテーブル名が自動的にレポートのタイトルになります。

操作☞ レポートツールでレポートを作成する

[T商品一覧] テーブルを基に、レポートツールで表形式のレポートを作成しましょう。

Step 1 [保存用] フォルダーにあるデータベース「顧客管理」を開きます。本章から学習を開始する場合は、[Access2019基礎] フォルダーにあるデータベース「5章_顧客管理」を開きます。

Step 2 基になるテーブルを指定して、レポートを作成します。

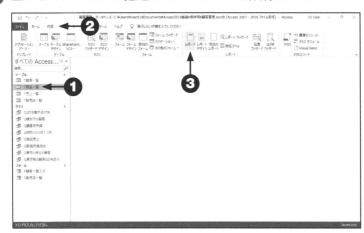

❶ ナビゲーションウィンドウの [T商品一覧] テーブルをクリックします。

❷ [作成] タブをクリックします。

❸ [レポート] ボタンをクリックします。

💡 ヒント
基になるテーブルの指定
レポートツールでレポートを作成するとき、基になるテーブルは、開いていても閉じていてもかまいません。

Step 3 表形式のレポートが作成され、レイアウトビューで開きます。

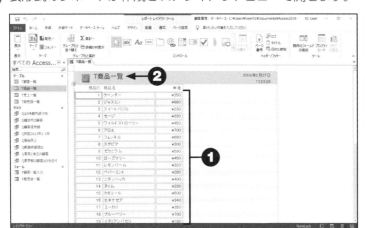

❶ すべてのフィールドが表示されていることを確認します。

❷ テーブル名がレポート上部にタイトルとして表示されていることを確認します。

第 5 章　レポートの作成と編集　**179**

Step 4 レポートを保存して、レポート名として「R商品一覧」と指定します。

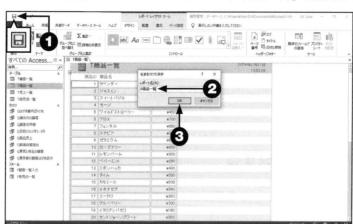

❶ クイックアクセスツールバーの[上書き保存]ボタンをクリックします。

❷ [名前を付けて保存]ダイアログボックスの[レポート名]ボックスに「R商品一覧」と入力します。

❸ [OK]をクリックします。

💡 **ヒント**
レポート名
ここでは、レポートオブジェクトであることを区別しやすくするため、レポート名の先頭に「R」を付けています。

Step 5 ✕ 'R商品一覧' を閉じるボタンをクリックして、[R商品一覧]レポートを閉じます。

Step 6 [R商品一覧]レポートが作成されたことを確認します。

❶ ナビゲーションウィンドウの[レポート]の下に[R商品一覧]レポートが追加されていることを確認します。

180 | レポートの作成

レポートウィザード

レポートウィザードを使用してレポートを作成すると、表示するフィールドを指定したり、レイアウトなど選択しながら対話形式で指定することができます。また、レポートウィザードの中でレポートの印刷形式も指定できます。

レポートウィザードで指定できる主な印刷形式には、次の2つがあります。

■ **表形式**

1件のレコードの内容を1行に配置した表形式で印刷します。1ページに複数のレコードを印刷できるので一覧表を作成する場合に利用します。

■ **単票形式**

1件のレコードの内容をカード形式で印刷します。たとえば、顧客情報をカードで管理する場合などに利用します。

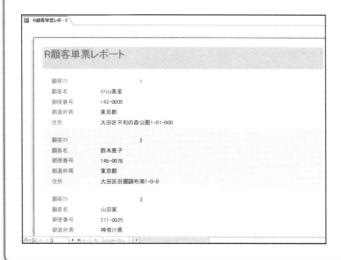

操作 レポートウィザードでレポートを作成する

[T顧客一覧] テーブルを基に、レポートウィザードで表形式のレポートを作成しましょう。

Step 1 基になるテーブルを指定して、レポートウィザードを起動します。

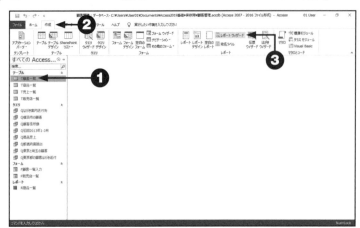

❶ ナビゲーションウィンドウの [T顧客一覧] テーブルをクリックします。

❷ [作成] タブをクリックします。

❸ [レポートウィザード] ボタンをクリックします。

💡 ヒント
基になるテーブルの指定
レポートウィザードでレポートを作成するとき、基になるテーブルは、開いていても閉じていてもかまいません。

Step 2 基になるテーブルを確認して、[顧客ID] フィールドを選択します。

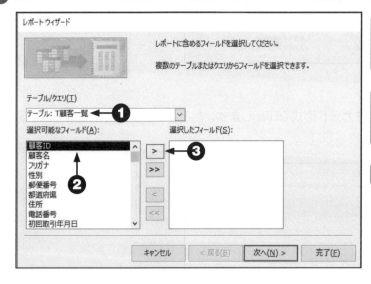

❶ [テーブル/クエリ] ボックスに、[テーブル：T顧客一覧] と表示されていることを確認します。

❷ [選択可能なフィールド] ボックスの [顧客ID] が選択されていることを確認します。

❸ [>] をクリックします。

Step 3 [顧客ID] フィールドが [選択したフィールド] ボックスに移動します。

Step 4 同様に、[顧客名]、[都道府県]、[住所]、[はがき案内] の順番に [選択したフィールド] ボックスに移動します。

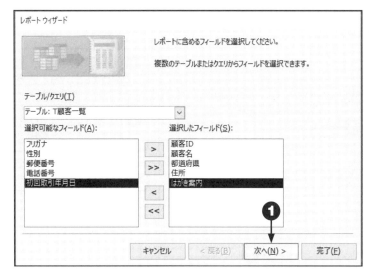

❶ [次へ] をクリックします。

💡 **ヒント**
選択したフィールドの解除
フィールドを間違って [選択したフィールド] ボックスへ追加した場合、[選択したフィールド] ボックスへ追加したフィールドを選択し、[<] をクリックして [選択可能なフィールド] ボックスへ移動します。

Step 5 グループレベルの指定は行わずに、[次へ] をクリックします。

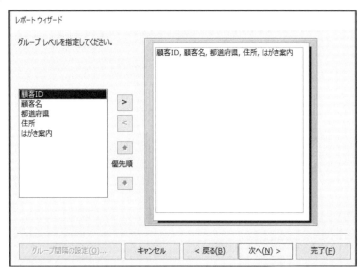

💡 **ヒント**
グループレベルの指定
グループレベルを指定すると、指定したフィールドの同じデータごとにまとめたレポートを作成できます。たとえば、同じ都道府県ごとにまとめたレポートを作成できます。

第 5 章　レポートの作成と編集　*183*

Step 6 並べ替える方法として、[顧客ID] フィールドの昇順を指定します。

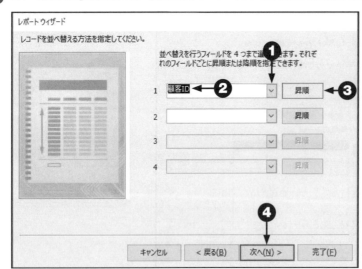

❶ [1] ボックスの▼をクリックします。

❷ [顧客ID] フィールドをクリックします。

❸ [昇順] と表示されていることを確認します。

❹ [次へ] をクリックします。

💡 **ヒント**
並べ替えの指定
並べ替えを指定すると、たとえばフリガナの五十音順などに並べ替えたレポートを作成できます。

Step 7 レポートの印刷形式を指定します。

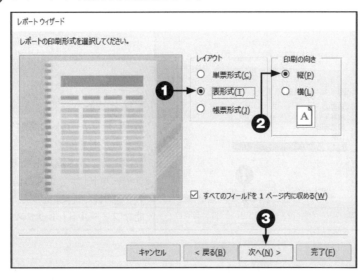

❶ [レイアウト] の [表形式] が選択されていることを確認します。

❷ [印刷の向き] の [縦] が選択されていることを確認します。

❸ [次へ] をクリックします。

Step 8 レポート名を指定します。

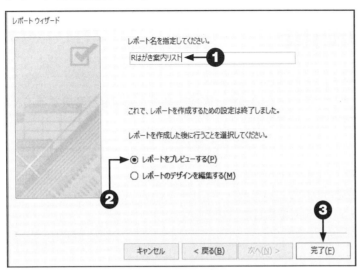

❶ [レポート名を指定してください。] ボックスに「Rはがき案内リスト」と入力します。

❷ [レポートをプレビューする] が選択されていることを確認します。

❸ [完了] をクリックします。

Step 9 表形式のレポートが作成され、印刷プレビューで開きます。

❶ タイトルに [Rはがき案内リスト] のレポート名が表示されていることを確認します。

❷ [印刷プレビュー] タブが選択されていることを確認します。

❸ ナビゲーションウィンドウの [レポート] の下に [Rはがき案内リスト] レポートが追加されていることを確認します。

💡 ヒント
レポートのタイトル表示
入力したレポート名がレポートタイトルとして使用されます。このタイトルは、後から編集することができます。

第5章 レポートの作成と編集 *185*

レポートの編集

レポートのデザインビューでは、フォームの編集と同様に書式や配置など変更することができ、より見やすいレポートを作成することができます。

作成したレポートの編集は、レポートのデザインビューで行います。フォーム同様に、コントロールの移動やサイズの変更を行ったり、レポートウィザードで作成した[レポートヘッダー]セクションに表示されたレポートタイトルを編集したりできます。

レポートでは、[ページヘッダー]セクションのコントロールはラベル、[詳細]セクションのコントロールはテキストボックスやチェックボックスになります。

グループ化されている場合、どちらかのセクションのコントロールを選択すると、両方のサイズを一緒に変更することができます。また、サイズの変更をすると右側のコントロールも移動し、自動的に配置を調整します。グループ化されていない場合は、手動で調整します。

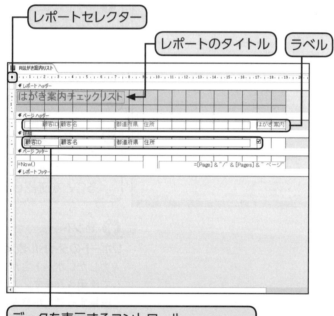

■ セクション

レポートには、フィールドを表示するコントロールに加えて、「セクション」という領域があります。領域を自由に表示/非表示して、必要なコントロールを配置することができます。

レポートは、主に次の5つのセクションから構成されています。

セクション	説明
レポートヘッダー	最初のページの先頭に印刷され、タイトルなどを表示します。
ページヘッダー	各ページの先頭に印刷され、主に、フィールド名などを表示します。
詳細	レコードの内容が印刷されます。
ページフッター	各ページの最後に印刷され、日付やページ番号などを表示します。
レポートフッター	最終のページに印刷され、集計レポートでは総合計を表示します。

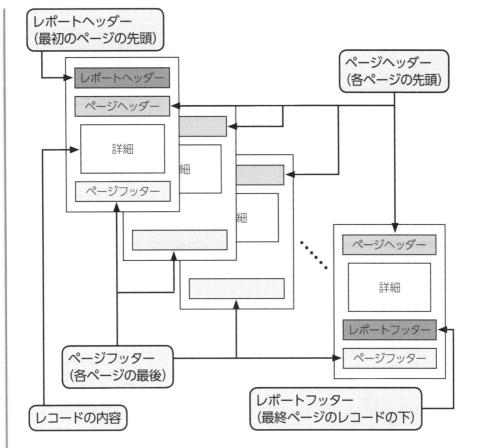

なお、[レポートフッター] セクションはデザインビューで表示すると、[ページフッター] セクションの下に表示されますが、印刷プレビューやレイアウトビューなどで表示すると、[ページフッター] セクションの上に表示されます。

操作 ☞ コントロールのサイズを変更して移動する

[Rはがき案内リスト] レポートをデザインビューで開き、[ページヘッダー] セクションと [詳細] セクションの [都道府県] コントロールと [はがき案内] コントロールのサイズを変更しましょう。

Step 1 [Rはがき案内リスト] レポートの印刷プレビューを閉じます。

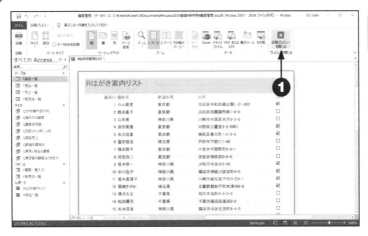

❶ [印刷プレビューを閉じる] ボタンをクリックします。

第 5 章　レポートの作成と編集　**187**

Step 2 [Rはがき案内リスト] レポートがデザインビューで開きます。

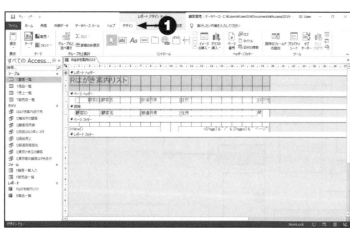

❶ [デザイン] タブが選択されていることを確認します。

❷ [フィールドリスト] ウィンドウが開いている場合は、閉じるボタンをクリックします。

💡 ヒント
印刷プレビューを閉じたときのビュー
[印刷プレビューを閉じる] ボタンをクリックすると、その1つ前に開いていたビューが開きます。レポートウィザードでレポートを作成した直後のように、その前に開いていたビューがない場合は、デザインビューで開きます。

Step 3 [都道府県] コントロールを選択します。

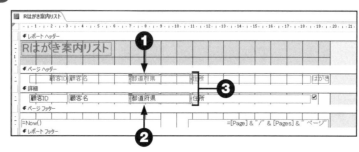

❶ [ページヘッダー] セクションの [都道府県] ラベルをクリックします。

❷ **Shift**キーを押しながら [詳細] セクションの [都道府県] テキストボックスをクリックします。

❸ 選択したコントロールに ■ (ハンドル) が表示されていることを確認します。

Step 4 [都道府県] コントロールのサイズを変更します。

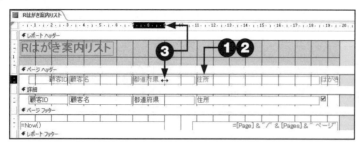

❶ [都道府県] ラベルの右辺の太枠線をポイントします。

❷ マウスポインターの形が ↔ になっていることを確認します。

❸ 水平ルーラーの目盛「9」を目安に左方向へドラッグします。

188 レポートの編集

Step 5 [住所] コントロールを選択します。

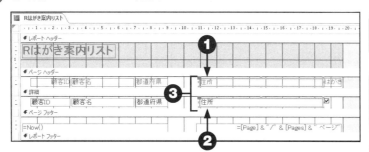

❶ [ページヘッダー] セクションの [住所] ラベルをクリックします。

❷ **Shift**キーを押しながら [詳細] セクションの [住所] テキストボックスをクリックします。

❸ 選択したコントロールに ■（ハンドル）が表示されていることを確認します。

Step 6 [住所] コントロールの位置を変更します。

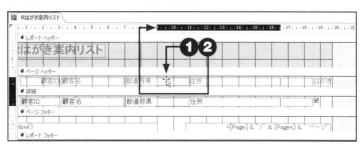

❶ [住所] ラベルの太枠線をポイントして、マウスポインターの形が になっていることを確認します。

❷ 左辺が水平ルーラーの目盛「9」を目安に左方向へドラッグします。

Step 7 同様に、[はがき案内] コントロールの位置を変更します。

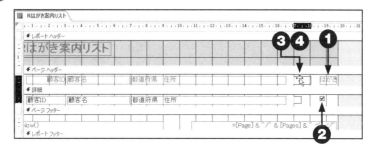

❶ [ページヘッダー] セクションの [はがき案内] ラベルをクリックします。

❷ **Shift**キーを押しながら [詳細] セクションの [はがき案内] チェックボックスをクリックします。

❸ [はがき案内] ラベルの太枠線をポイントして、マウスポインターの形が になっていることを確認します。

❹ 左辺が水平ルーラーの目盛「17」になるように左方向へドラッグします。

Step 8 [はがき案内] コントロールのサイズを変更します。

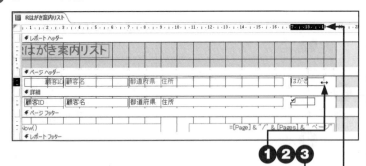

① [はがき案内] ラベルの右辺の枠線をポイントします。

② マウスポインターの形が ↔ になっていることを確認します。

③ 水平ルーラーの目盛「19」を目安に右方向へドラッグします。

Step 9 [ページ番号] コントロールの位置を変更します。

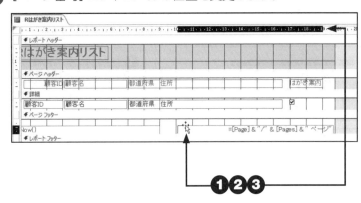

① [ページフッター] セクションの [ページ番号] コントロールをクリックします。

② 太枠線をポイントして、マウスポインターの形が になっていることを確認します。

③ 右辺が水平ルーラーの目盛「19」になるように左方向へドラッグします。

Step 10 [ページ番号] コントロールの位置が変更されます。

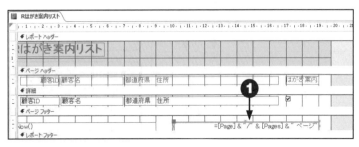

① [ページ番号] コントロールの位置が変更されたことを確認します。

操作 レポートの幅を変更する

レポート全体の横幅のサイズを変更して、エラーインジケーターが表示されないようにしましょう。

Step 1 レポートのサイズを変更します。

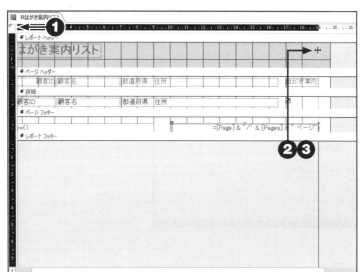

❶ レポートセレクターに 🟩 緑色の三角形のエラーインジケーターが表示されていることを確認します。

❷ [レポートヘッダー] セクションの右端の境界線をポイントして、マウスポインターの形が ✛ になっていることを確認します。

❸ 水平ルーラーの目盛「19」を目安に左方向にドラッグします。

Step 2 レポートのサイズが変更されたことを確認します。

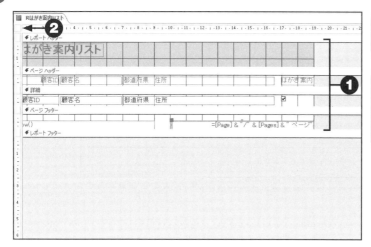

❶ レポートの右端の位置が変更されていることを確認します。

❷ レポートセレクターに緑色の三角形のエラーインジケーターが表示されていないことを確認します。

Step 3 クイックアクセスツールバーの 💾 [上書き保存] ボタンをクリックして、[Rはがき案内リスト] レポートを上書き保存します。

Step 4 レポートビューに切り替えて確認します。

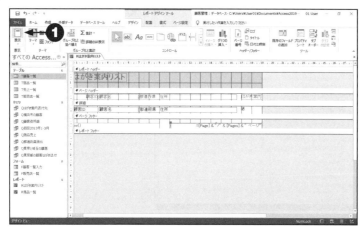

❶ [表示] ボタンをクリックします。

第 5 章 レポートの作成と編集 **191**

Step 5 レポートビューで開きます。

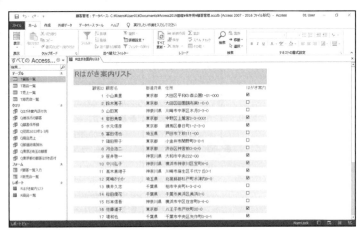

💡 ヒント　エラーインジケーター

レポートセレクターに表示される緑色の三角はエラーインジケーターで、クリックすると [エラーのトレース] アイコンが表示されます。ポイントするとエラーメッセージが表示され、▼をクリックすると、修正方法の候補を確認したり、ヘルプを表示したりすることができます。

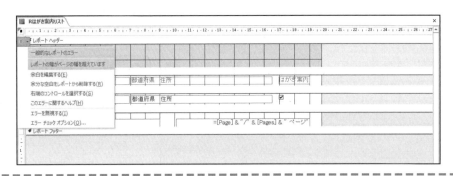

操作☞ レポートヘッダーのタイトルを編集する

[Rはがき案内リスト] レポートをデザインビューで開き、自動でレポート名が表示されたレポートのタイトル「Rはがき案内リスト」を「はがき案内チェックリスト」に変更しましょう。

Step 1 デザインビューに切り替えます。

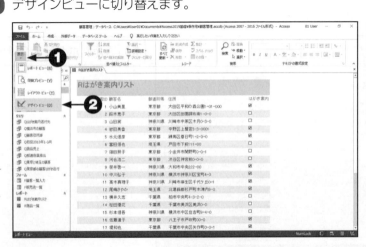

❶ [表示] ボタンの▼をクリックします。

❷ [デザインビュー] をクリックします。

Step 2 タイトルを選択して、タイトルの文字列にカーソルを移動します。

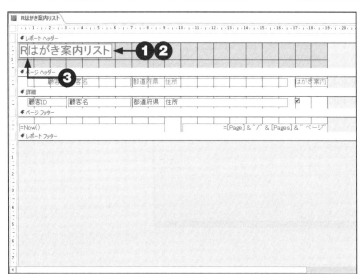

❶ タイトルの「Rはがき案内リスト」をクリックします。

❷ 「Rはがき案内リスト」の文字上をクリックします。

❸ カーソルが表示されていることを確認します。

Step 3 タイトルを「はがき案内チェックリスト」に変更します。

❶ 「はがき案内チェックリスト」と変更します。

❷ Enterキーを押して変更を確定します。

Step 4 クイックアクセスツールバーの 🔲 [上書き保存] ボタンをクリックして、[Rはがき案内リスト] レポートを上書き保存します。

第5章 レポートの作成と編集 **193**

Step 5 印刷プレビューに切り替えて確認します。

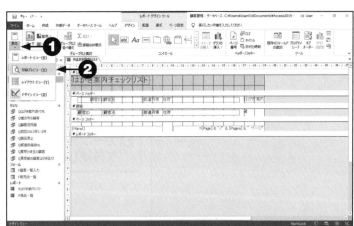

❶ [表示] ボタンの▼をクリックします。

❷ [印刷プレビュー] をクリックします。

Step 6 印刷プレビューでレポートが開きます。

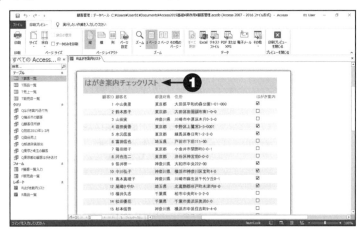

❶ レポートタイトルが [はがき案内チェックリスト] と表示されていることを確認します。

Step 7 ✕ 'Rはがき案内リスト'を閉じるボタンをクリックして、[Rはがき案内リスト] レポートを閉じます。

宛名ラベルの作成

宛名ラベルウィザードを使用すると、テーブルまたはクエリに保存されているデータを基にして、宛名ラベルを作成することができます。

宛名ラベルウィザードでは、使用するラベルを指定したり、レイアウトやスタイルなどを選択しながら対話形式で宛名ラベルを作成することができます。市販のラベルに合わせて多数のレイアウトが用意されています。

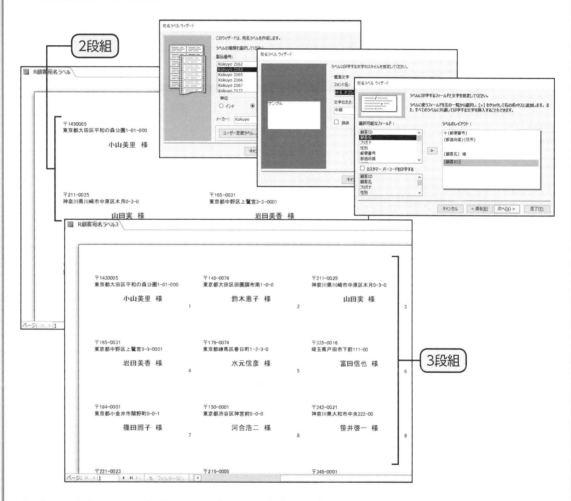

作成した宛名ラベルの編集は、レポートのデザインビューで行います。宛名ラベルウィザードでは、個別の書式設定やコントロールのレイアウトの指定はできないため、作成後にデザインビューで編集します。

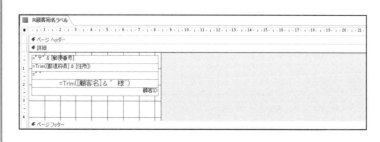

第5章 レポートの作成と編集　**195**

操作☞ 宛名ラベルを作成する

[T顧客一覧] テーブルを基に、宛名ラベルウィザードで宛名ラベルを作成しましょう。

Step 1 基になるテーブルを指定して、宛名ラベルウィザードを起動します。

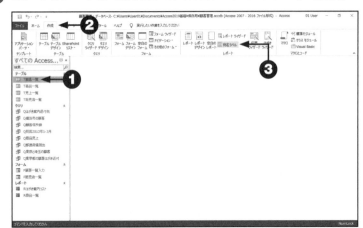

❶ ナビゲーションウィンドウの [T顧客一覧] テーブルが選択されていることを確認します。

❷ [作成] タブをクリックします。

❸ [宛名ラベル] ボタンをクリックします。

Step 2 ラベルの種類を選択します。

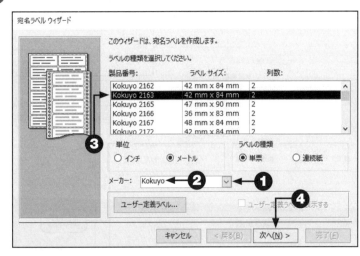

❶ [メーカー] ボックスの▼をクリックします。

❷ [kokuyo] をクリックします。

❸ [ラベルの種類を選択してください。] ボックスの [kokuyo 2163] をクリックします。

❹ [次へ] をクリックします。

Step 3 文字のスタイルの指定は行わずに、[次へ] をクリックします。

💡 ヒント
文字のスタイルの変更
ラベルに表示する文字列の一部分だけを変更するには、宛名ラベル作成後にレポートのデザインビューで変更します。

196　宛名ラベルの作成

Step 4 ラベルに印字するフィールドを選択します。

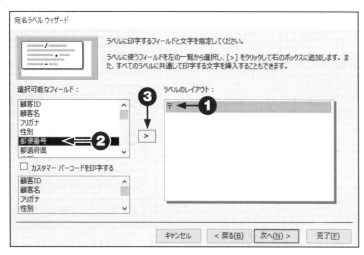

❶ [ラベルのレイアウト] ボックスにカーソルが表示されていることを確認し、「ゆうびん」と入力して変換して「〒」を入力します。

❷ [選択可能なフィールド] ボックスの [郵便番号] をクリックします。

❸ [>] をクリックします。

💡 **ヒント**
間違ってフィールドを追加した場合
そのフィールドをクリックして反転状態で **Delete**キーを押します。

Step 5 [郵便番号] フィールドが [ラベルのレイアウト] ボックスに表示されます。

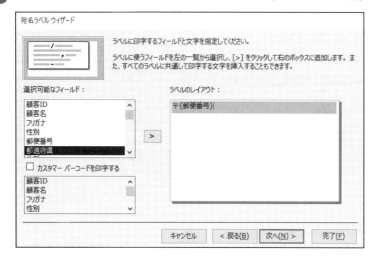

Step 6 次のフィールドを配置する行を選択します。

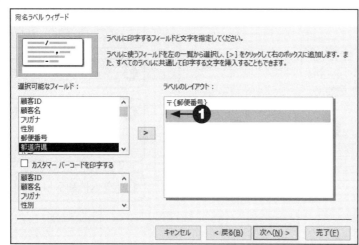

❶ [ラベルのレイアウト] ボックスの [〒{郵便番号}] の次の行をクリックします。

💡 **ヒント**
カーソルの移動
[ラベルのレイアウト] ボックスでのカーソルの移動は、**Enter**キーや方向キーで行うこともできます。

Step 7 同様に、[都道府県]、[住所] の順番に [ラベルのレイアウト] ボックスに追加します。

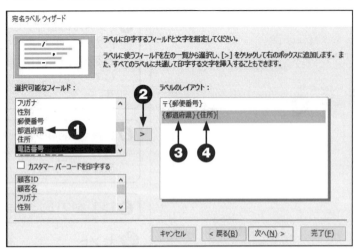

❶ [選択可能なフィールド] ボックスの [都道府県] をクリックします。

❷ [>] をクリックします。

❸ {都道府県} の右側にカーソルが表示されていることを確認します。

❹ 同様に [住所] を追加します。

Step 8 [顧客名] フィールドと敬称の「様」を追加します。

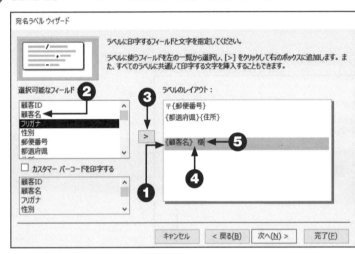

❶ [{都道府県}{住所}] の2行下の行をクリックします。

❷ [選択可能なフィールド] ボックスの [顧客名] をクリックします。

❸ [>] をクリックします。

❹ スペースキーを押します。

❺ 「様」と入力します。

Step 9 [顧客ID] フィールドを追加します。

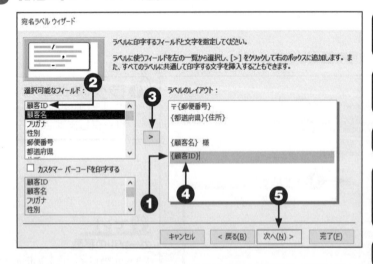

❶ [{顧客名} 様] の次の行をクリックします。

❷ [選択可能なフィールド] ボックスの [顧客ID] をクリックします。

❸ [>] をクリックします。

❹ [ラベルのレイアウト] ボックスに [顧客ID] フィールドが表示されていることを確認します。

❺ [次へ] をクリックします。

Step 10 並べ替えを行うフィールドに [顧客ID] を指定します。

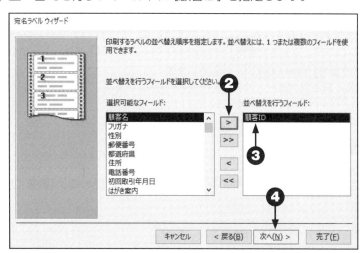

❶ [選択可能なフィールド] ボックスの [顧客ID] フィールドが選択されていることを確認します。

❷ [>] をクリックします。

❸ [並べ替えを行うフィールド] ボックスに [顧客ID] フィールドが表示されていることを確認します。

❹ [次へ] をクリックします。

Step 11 レポート名を指定します。

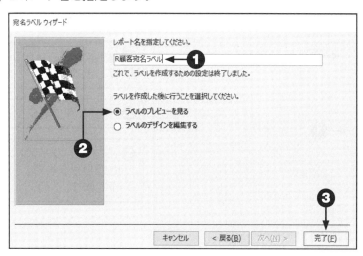

❶ [レポート名を指定してください。] ボックスに「R顧客宛名ラベル」と入力します。

❷ [ラベルのプレビューを見る] が選択されていることを確認します。

❸ [完了] をクリックします。

Step 12 宛名ラベルのレポートが作成され、印刷プレビューで開きます。

❶ ナビゲーションウィンドウの [レポート] の下に [R顧客宛名ラベル] レポートが追加されていることを確認します。

💡 ヒント　ラベルに郵便番号の「-」を表示する方法

インポートした郵便番号のデータに「-」が保存されていない場合や、住所入力支援機能を使用して「-」を保存していない場合は、ラベルに「-」は表示されません。「-」を表示するには、ラベルのデザインビューで [郵便番号] コントロールをクリックし、プロパティシートを表示して、[コントロールソース] プロパティに「="〒" & IIf(InStr([郵便番号],"-")=4,Format([郵便番号],"000-0000"))」と入力します。

操作☞ フォントサイズと配置を変更する

[顧客名] コントロールのフォントサイズを12ポイント、中央揃えに変更して、[顧客ID] コントロールを右揃えに変更しましょう。

Step 1 [印刷プレビュー] タブの [印刷プレビューを閉じる] ボタンをクリックして印刷プレビューを閉じ、[R顧客宛名ラベル] レポートをデザインビューで開きます。

Step 2 [顧客名] コントロールのフォントサイズを変更します。

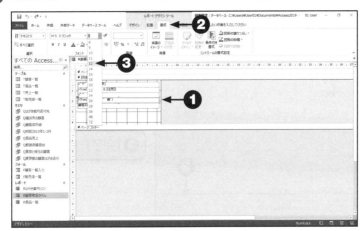

❶ [顧客名] コントロールをクリックします。

❷ [書式] タブをクリックします。

❸ [フォントサイズ] ボックスの▼をクリックして、[12] をクリックします。

Step 3 [顧客名] コントロールの配置を変更します。

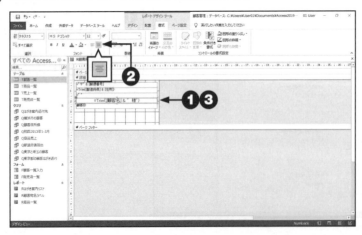

❶ [顧客名] コントロールのフォントサイズが変更され、[顧客名] コントロールが選択されていることを確認します。

❷ [中央揃え] ボタンをクリックします。

❸ [顧客名] コントロールが中央揃えになっていることを確認します。

💡 ヒント　Trim関数

宛名ラベルウィザードで宛名ラベルを作成すると、テキスト型のフィールドに空白があるとTrim関数によって削除されます。

Step 4 [顧客ID] コントロールの配置を変更します。

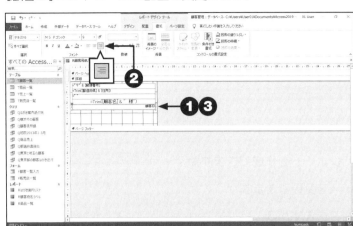

❶ [顧客ID] コントロールをクリックします。

❷ [右揃え] ボタンをクリックします。

❸ [顧客ID] コントロールが右揃えになっていることを確認します。

Step 5 クイックアクセスツールバーの 🔲 [上書き保存] ボタンをクリックして、[R顧客宛名ラベル] レポートを上書き保存します。

Step 6 印刷プレビューに切り替えます。

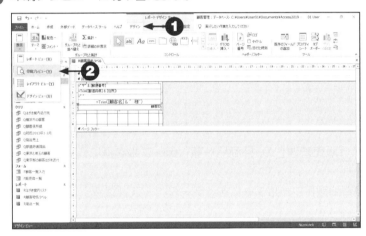

❶ [デザイン] タブをクリックします。

❷ [表示] ボタンの▼をクリックして、[印刷プレビュー] をクリックします。

Step 7 [顧客名] コントロールのフォントサイズと配置、[顧客ID] コントロールの配置が変更されたことを確認します。

Step 8 ✕ 'R顧客宛名ラベル'を閉じるボタンをクリックして、[R顧客宛名ラベル]レポートを閉じます。

Step 9 ✕ 閉じるボタンをクリックして、データベース「顧客管理」を閉じてAccessを終了します。

📶 この章の確認

- ☐ レポートウィザードを使用してレポートを作成できますか？
- ☐ レポートのコントロールのサイズを変更できますか？
- ☐ レポートのコントロールを移動できますか？
- ☐ レポートのサイズを変更できますか？
- ☐ レポートのタイトルを変更できますか？
- ☐ 宛名ラベルウィザードを使用して宛名ラベルを作成できますか？
- ☐ 宛名ラベルに表示される文字のフォントサイズを変更できますか？
- ☐ 宛名ラベルに表示されるコントロールの配置を変更できますか？

復習問題　問題 5-1

[保存用]フォルダーのデータベース「販売管理」の[T商品一覧]テーブルを基に、完成例のような[R商品一覧]レポートを作成しましょう。
本章から学習を開始した場合は、[復習問題]フォルダーにあるデータベース「復習5_販売管理」を開きます。

■完成例

1. [T商品一覧] テーブルを基に、すべてのフィールドを追加した表形式のレポートをレポートウィザードで作成しましょう。並べ替えは [商品ID] の昇順に、印刷の向きは [縦] で、レポートに 「R商品一覧」 という名前を付けましょう。
   ・グループレベルは指定しません。

2. レポートのタイトルを 「商品一覧表」 に変更しましょう。

3. [商品名] のラベルとテキストボックスの右端を縮めましょう。
   ・目安：水平ルーラーの目盛 「10」

4. [単価] のラベルとテキストボックスを左へ移動しましょう。
   ・目安：左辺が水平ルーラーの目盛 「10」

5. ページフッターの [ページ番号] コントロールの右端を縮めましょう。
   ・目安：水平ルーラーの目盛 「18」

6. レポートの右端を縮めましょう。
   ・目安：水平ルーラーの目盛 「18」

7. 印刷プレビューに切り替えて、レイアウトを確認しましょう。

8. [R商品一覧] レポートを上書き保存して閉じましょう。

問題 5-2

「T販売店一覧」 テーブルを基に、完成例のような宛名ラベルの [R販売店宛名ラベル] を作成しましょう。

■完成例（ラベルは 「A-ONE 28175」）

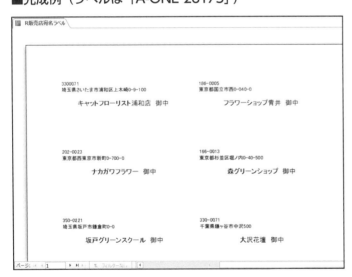

1. [T販売店一覧] テーブルを基に、宛名ラベルウィザードを起動して、ラベルの種類に [AOne 28175] を選択して、[郵便番号]、[都道府県]、[住所]、[販売店名] の各フィールドを手順2の図のようなレイアウトに配置しましょう。
   ・文字のスタイルは設定しません。

2. ［販売店名］の後ろにスペースと「御中」を入力しましょう。

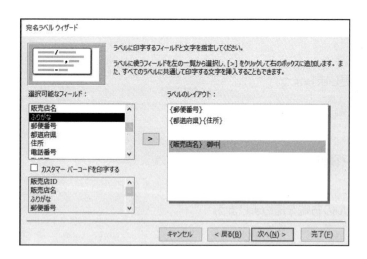

3. 並べ替えは［販売店ID］を指定し、レポートに「R販売店宛名ラベル」という名前を付けてウィザードを完了しましょう。

4. 次のように、レポートを編集しましょう。

コントロール	フォントサイズ	配置
販売店名	12pt	中央揃え

5. 印刷プレビューで確認しましょう。

6. ［R販売店宛名ラベル］レポートを上書き保存して閉じましょう。

本書で学習した内容が身に付いたかどうか、
総合問題で確認しましょう。

問題 1

得意先情報を管理するデータベース「得意先」を作成し、[T得意先] テーブルを作成しましょう。

■完成例

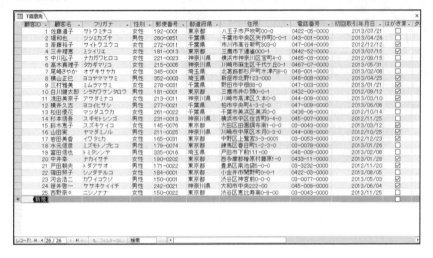

1. [Access2019基礎] フォルダーの [保存用] フォルダーの中に、データベース「得意先」を作成しましょう。

2. データベース「得意先」の中に、[T得意先] テーブルを作成しましょう。作成後、デザインビューに切り替えて、[ID] フィールドを [顧客ID] に変更しましょう。

3. [T得意先] テーブルに次のフィールドを追加しましょう。

フィールド名	データ型	フィールドサイズ
顧客名	短いテキスト	50
フリガナ	短いテキスト	50
性別	短いテキスト	10
郵便番号	短いテキスト	8
都道府県	短いテキスト	10
住所	短いテキスト	100
電話番号	短いテキスト	12
初回取引年月日	日付/時刻型	
はがき案内	Yes/No型	

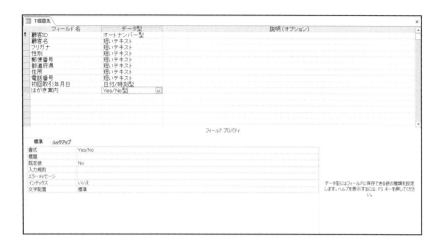

4. ［顧客名］フィールドに顧客名を入力すると、［フリガナ］フィールドに全角カタカナのフリガナが表示されるように設定しましょう。

5. ［郵便番号］フィールドに郵便番号を入力すると、［都道府県］フィールドと［住所］フィールドに自動的に住所が表示されるように設定しましょう。

6. ［初回取引年月日］フィールドの［定型入力］プロパティに、データ入力時の書式として西暦日付（年/月/日）［__/__/__］を設定しましょう。

7. ［T得意先］テーブルを上書き保存して閉じましょう。

8. ［T得意先］テーブルに、［Access2019基礎］フォルダーの［総合問題］フォルダーにあるExcelファイル「得意先名簿」からデータをインポートしましょう。
・インポート操作は、保存しません。

9. ［T得意先］テーブルのすべての列幅を自動調整しましょう。

10. 次の新規データを入力しましょう。

フィールド名	入力内容
顧客ID	25（オートナンバー型のため自動入力されます）
顧客名	西野奈々
フリガナ	ニシノナナ（自動的に表示されます）
性別	女性
郵便番号	150-0022（「-」は自動的に表示されます）
都道府県	東京都（自動的に表示されます）
住所	渋谷区恵比寿南0-8-00 （住所は自動的に表示されます。番地は入力します）
電話番号	03-0043-0000
初回取引年月日	14/11/25（「/」は自動的に入力されます）
はがき案内	オフ

11. ［T得意先］テーブルのレイアウトの変更を保存して閉じましょう。

 問題 2

［保存用］フォルダーのデータベース「得意先」に、［Access2019基礎］フォルダーの［総合問題］フォルダーにあるデータベース「売上（インポート用）」からテーブルをインポートして、外部データを利用しましょう。また、フィルターを利用してさまざまなデータを抽出しましょう。
この問題から学習を開始する場合は、［総合問題］フォルダーにあるデータベース「総合2_得意先」を開きます。

1. ［Access2019基礎］フォルダーの［総合問題］フォルダーにあるデータベース「売上（インポート用）」から［T商品一覧］テーブル、［T売上一覧］テーブル、［T販売店一覧］テーブルをインポートしましょう。
   ・インポート操作の保存はしません。

2. [T販売店一覧] テーブルの中から、オートフィルターを使用して都道府県が「東京都」の販売店を抽出しましょう。

3. フィルターを解除しましょう。

4. [T販売店一覧] テーブルの中から、選択フィルターを使用して販売店名に「フラワー」が含まれる販売店を抽出しましょう。

5. フィルターを解除しましょう。

6. [T販売店一覧] テーブルのデータをExcelにエクスポートしましょう。Excelのファイル名は「T販売店」とし、[Access2019基礎] フォルダーの [保存用] フォルダーに保存しましょう。
・エクスポート操作の保存はしません。

7. Excelを起動して「T販売店」ファイルを開いて、A列からH列の列幅を自動調整し、上書き保存してExcelを終了しましょう。

総合問題 **209**

8. ［T販売店一覧］テーブルの変更を保存して閉じましょう。

9. ［T販売店一覧］テーブルを基に、フォームツールで単票形式のフォームを作成しましょう。

10. フォームに「F販売店」という名前を付けて保存しましょう。

11. ［F販売店］フォームを使用して、次の新規データを入力しましょう。
    ・ふりがなや住所が自動的に表示されるフィールドプロパティがあらかじめ設定してあります。

フィールド名	入力内容
販売店ID	26（オートナンバー型のため自動入力されます）
販売店名	フラワーギフト田中
ふりがな	ふらわーぎふとたなか（自動的に表示されます）
郵便番号	240-0011（「-」は自動的に表示されます）
都道府県	神奈川県（自動的に表示されます）
住所	横浜市保土ヶ谷区桜ケ丘1-0-000 （住所は自動的に表示されます。番地は入力します）
電話番号	045-001-0001
登録日	14/04/01

12. ［F販売店］フォームを閉じて［T販売店一覧］テーブルを開き、フォームで入力したデータが追加されていることを確認しましょう。

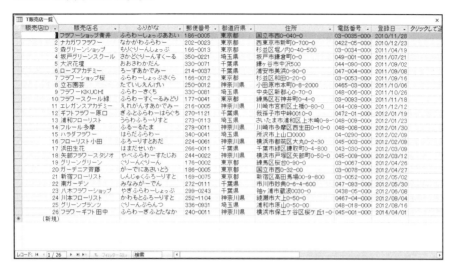

13. ［T販売店一覧］テーブルを閉じましょう。

14. ［T得意先］テーブル、［T商品一覧］テーブル、［T売上一覧］テーブルの［顧客ID］フィールド、［商品ID］フィールドにリレーションシップを作成しましょう。

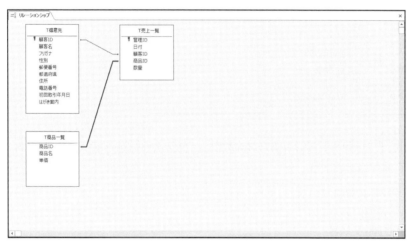

15. リレーションシップを保存して、データベース「得意先」を閉じましょう。

問題 3

［保存用］フォルダーのデータベース「得意先」を開き、［T得意先］テーブルを基にデザインビューでクエリを作成して、並べ替えや条件設定をしましょう。
この問題から学習を開始する場合は、［総合問題］フォルダーにあるデータベース「総合3_得意先」を開きます。

1. ［T得意先］テーブルを基にデザインビューで次のようなクエリを作成して実行し、名前を付けて保存しましょう。

表示するフィールド	顧客ID、顧客名、郵便番号、都道府県、住所、はがき案内
クエリ名	Q得意先リスト

2. ［Q得意先リスト］クエリに［フリガナ］フィールドを追加し、次のような並べ替えと抽出条件を追加して実行し、別の名前を付けて保存しましょう。

並べ替え	［フリガナ］の昇順
抽出条件	［はがき案内］フィールドが［Yes］のデータ
クエリ名	Qはがき送付先顧客

3. [Qはがき送付先顧客] クエリの抽出条件を次のように変更して実行し、別の名前を付けて保存しましょう。

並べ替え	[フリガナ] フィールドの並べ替えはなし
抽出条件	[都道府県] フィールドが「神奈川県」で、[はがき案内] フィールドが [Yes] のデータ
クエリ名	Q神奈川県のはがき送付

Q神奈川県のはがき送付						
顧客ID ▾	顧客名 ▾	フリガナ ▾	郵便番号 ▾	都道府県 ▾	住所 ▾	はがき案 ▾
11	浅田美奈子	アサダミナコ	213-0011	神奈川県	川崎市高津区久本0-0	☑
16	山田実	ヤマダミノル	211-0025	神奈川県	川崎市中原区木月0-3-0	☑
24	笹井啓一	ササキケイイチ	242-0021	神奈川県	大和市中央222-00	☐
*	(新規)					

4. [Q神奈川県のはがき送付] クエリの抽出条件を次のように変更して実行し、別の名前を付けて保存しましょう。

抽出条件	[都道府県] フィールドが「千葉県」または「埼玉県」のデータ
	[はがき案内] フィールドの抽出条件を削除
クエリ名	Q千葉県と埼玉県

Q千葉県と埼玉県						
顧客ID ▾	顧客名 ▾	フリガナ ▾	郵便番号 ▾	都道府県 ▾	住所 ▾	はがき案 ▾
2	堤和也	ツツミカズヤ	260-0851	千葉県	千葉市中央区矢作町0-0-1	☐
3	斎藤裕子	サイトウユウコ	272-0011	千葉県	市川市高谷新町303-0	☑
7	尾崎さやか	オザキサヤカ	345-0001	埼玉県	北葛飾郡杉戸町木津内9-0	☑
8	横山正巳	ヨコヤママサミ	352-0003	埼玉県	新座市北野123-000	☑
9	三村雅美	ミムラマサミ	278-0031	千葉県	野田市中根88-0	☑
12	横井久志	ヨコイヒサシ	277-0021	千葉県	柏市中央町4-3-2-0	☐
13	松田優花	マツダユウカ	261-0022	千葉県	千葉市美浜区美浜0-0	☐
19	富田信也	トミタシンヤ	335-0016	埼玉県	戸田市下前111-00	☐
*	(新規)					

5. [Q千葉県と埼玉県] クエリからフィールドの削除および追加を行い、抽出条件を次のように変更して実行し、別の名前を付けて保存しましょう。

削除するフィールド	はがき案内
追加するフィールド	初回取引年月日
並べ替え	[初回取引年月日] の昇順
抽出条件	[都道府県] フィールドの抽出条件をすべて削除
	[初回取引年月日] フィールドが2013/1/1から2013/12/31までのデータ
クエリ名	Q2013年取引開始

Q2013年取引開始						
顧客ID ▾	顧客名 ▾	フリガナ ▾	郵便番号 ▾	都道府県 ▾	住所 ▾	初回取引年月日 ▾
9	三村雅美	ミムラマサミ	278-0031	千葉県	野田市中根88-0	2013/01/21
18	水元信彦	ミズモトノブヒコ	179-0074	東京都	練馬区春日町1-2-3-0	2013/01/26
20	中井幸	ナカイサチ	190-0202	東京都	西多摩郡檜原村藤原1-0	2013/01/28
7	尾崎さやか	オザキサヤカ	345-0001	埼玉県	北葛飾郡杉戸町木津内9-0	2013/02/08
19	富田信也	トミタシンヤ	335-0016	埼玉県	戸田市下前111-00	2013/02/08
11	浅田美奈子	アサダミナコ	213-0011	神奈川県	川崎市高津区久本0-0	2013/03/10
15	鈴木恵子	スズキケイコ	145-0076	東京都	大田区田園調布南1-0-0	2013/03/12
8	横山正巳	ヨコヤママサミ	352-0003	埼玉県	新座市北野123-000	2013/04/25
2	堤和也	ツツミカズヤ	260-0851	千葉県	千葉市中央区矢作町0-0-1	2013/04/26
23	河合浩二	カワイコウジ	150-0001	東京都	渋谷区神宮前0-0-0	2013/05/03
6	高木真理子	タカギマリコ	215-0005	神奈川県	川崎市麻生区千代ケ丘0-1	2013/05/31
24	笹井啓一	ササキケイイチ	242-0021	神奈川県	大和市中央222-00	2013/06/04
12	横井久志	ヨコイヒサシ	277-0021	千葉県	柏市中央町4-3-2-0	2013/06/06
4	三井理恵	ミツイリエ	181-0013	東京都	三鷹市下連雀000-1	2013/07/15
1	佐藤道子	サトウミチコ	192-0001	東京都	八王子市戸吹町00-0	2013/07/21
22	篠田照子	シノダテルコ	184-0001	東京都	小金井市関野町0-0-1	2013/08/05
*	(新規)					

6. [Q2013年取引開始] クエリの抽出条件を次のように変更して実行し、別の名前を付けて保存しましょう。

並べ替え	[初回取引年月日] フィールドの並べ替えはなし
抽出条件	[初回取引年月日] フィールドの抽出条件を削除
	[住所] フィールドが横浜市で始まるデータ
クエリ名	Q横浜市の顧客

Q横浜市の顧客						
顧客ID ▾	顧客名 ▾	フリガナ ▾	郵便番号 ▾	都道府県 ▾	住所 ▾	初回取引年月日 ▾
5	中川弘子	ナカガワヒロコ	221-0023	神奈川県	横浜市神奈川区宝町4-0	2012/09/15
14	杉本信吾	スギモトシンゴ	231-0013	神奈川県	横浜市中区住吉町9-4-0	2012/11/25
*	(新規)					

総合問題 213

7. [Q横浜市の顧客] クエリの抽出条件を、次のようにクエリを実行するたびに都道府県をその都度指定して抽出できるようなパラメータークエリに変更して、別の名前を付けて保存しましょう。

抽出条件	[都道府県] にパラメーターの案内文字列として、「抽出する都道府県」と入力
	[住所] フィールドの抽出条件を削除
クエリ名	Q都道府県別

8. [Q都道府県別] クエリを実行しましょう。
   ・「東京都」、「神奈川県」、「埼玉県」、「千葉県」のいずれかの都道府県を指定して、抽出されるデータを確認してください。

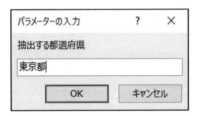

9. [Q都道府県別] クエリを閉じましょう。

10. [T得意先] テーブル、[T商品一覧] テーブル、[T売上一覧] テーブルの3つテーブルを使用したクエリを作成し、[Q商品売上] という名前を付けて保存しましょう。
    デザイングリッドには、以下のフィールドを追加します。

フィールド名	テーブル名
管理ID	T売上一覧
日付	T売上一覧
顧客ID	T売上一覧
顧客名	T得意先
商品ID	T売上一覧
商品名	T商品一覧
単価	T商品一覧
数量	T売上一覧

11. [単価] フィールドと [数量] フィールドを使用して、演算フィールド [金額] を作成しましょう。

12. ［Q商品売上］クエリを実行しましょう。

13. ［Q商品売上］クエリを上書き保存して閉じて、データベース「得意先」を閉じましょう。

 問題 4

［保存用］フォルダーのデータベース「得意先」を開き、［T得意先］テーブルを基にフォームを作成しましょう。
この問題から学習を開始する場合は、［総合問題］フォルダーにあるデータベース「総合4_得意先」を開きます。

■完成例

1. ［T得意先］テーブルを基にフォームウィザードで単票形式のフォームを作成しましょう。フィールドは［はがき案内］以外のすべてのフィールドを選択し、「F得意先入力」と名前を付けて保存しましょう。

2. フォームのタイトルを「得意先情報入力」に変更し、サイズを調整しましょう。

3. [郵便番号]、[電話番号]、[初回取引年月日] のテキストボックスのサイズを広げましょう。
   ・[郵便番号] テキストボックス→目安：水平ルーラーの目盛「6.5」
   ・[電話番号]、[初回取引年月日] テキストボックス→目安：水平ルーラーの目盛「8」

4. [はがき案内] フィールドを [初回取引年月日] フィールドの右に追加し、フィールドを追加したら、[フィールドリスト] ウィンドウを非表示にしましょう。
   ・目安：水平ルーラーの目盛「12」

5. [はがき案内] フィールドのチェックボックスを [はがき案内] ラベルの右側に移動しましょう。

6. [性別] テキストボックスを削除し、次のように設定してコンボボックスウィザードでコンボボックスを作成しましょう。

作成位置	リストの表示内容	保存するフィールド	ラベル
[フリガナ] の下	男性、女性	[性別]	性別

7. コンボボックスに「性別」と名前を付けて、位置を調整しましょう。

8. コントロールの入力順を次のように設定しましょう。
   顧客ID→顧客名→フリガナ→性別→郵便番号→都道府県→住所→電話番号→初回取引年月日→はがき案内

9. [顧客ID] テキストボックスにタブストップを [いいえ] に設定しましょう。

10. 新規得意先を入力するときに [初回取引年月日] フィールドに今日の日付が入力されるように、[既定値] プロパティを設定しましょう。
    ・設定後はプロパティシートを非表示にしましょう。

11. [F得意先入力] フォームを使用して、次の新規データを入力しましょう。
    ・フリガナや住所が自動的に表示されるフィールドプロパティがあらかじめ設定してあります。

フィールド名	入力内容
顧客ID	26（タブストップが設定されているためカーソルは移動しません。オートナンバー型のため自動的に入力されます）
顧客名	牧野郁子
フリガナ	マキノイクコ（自動的に表示されます）
性別	女性（リストから選択します）
郵便番号	169-0075（「-」は自動的に表示されます）
都道府県	東京都（自動的に表示されます）
住所	新宿区高田馬場0-0-00（住所は自動的に表示されます。番地は入力します）
電話番号	03-3333-0000
初回取引年月日	（今日の日付が表示されます）
はがき案内	オン

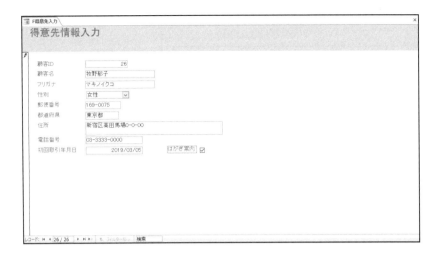

12. [F得意先入力] フォームの変更を保存して閉じましょう。

13. [T得意先] テーブルを開いて、フォームで入力したデータが追加されていることを確認しましょう。

14. [T得意先] テーブルを閉じて、データベース「得意先」を閉じましょう。

 問題 5

[保存用] フォルダーのデータベース「得意先」を開き、[T得意先] テーブルを基にレポートを作成しましょう。
この問題から学習を開始する場合は、[総合問題] フォルダーにあるデータベース「総合5_得意先」を開きます。

1. [T得意先] テーブルを基にレポートウィザードを使用し、次のように設定して表形式のレポートを作成しましょう。
　　・指定のないものは、既定の設定のまま変更せずにウィザードを進めます。

表示するフィールド	並べ替え	レポート名
顧客ID、顧客名、初回取引年月日	顧客ID	R初回取引日リスト

2. レポートのタイトルを「初回取引日一覧」に変更しましょう。

3. ［ページ番号］コントロールを削除しましょう。

4. レポートのサイズを変更しましょう。
   ・目安：水平ルーラーの目盛「16」

5. レポートの印刷プレビューを表示しましょう。

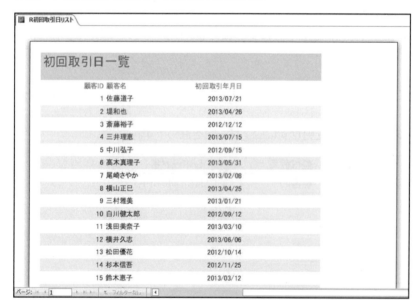

6. ［R初回取引日リスト］レポートを上書き保存して閉じましょう。

7. [T得意先] テーブルを基に宛名ラベルウィザードを使用し、次のように設定して宛名ラベルを作成しましょう。
   ・指定のないものは、既定の設定のまま変更せずにウィザードを進めます。

メーカー	ラベルの種類	ラベルのレイアウト		並べ替え	レポート名
Kokuyo	kokuyo2172	1行目	〒{郵便番号}	顧客ID	R宛名ラベル
		2行目	{都道府県}{住所}		
		3行目	(空白行)		
		4行目	{顧客名}　様		

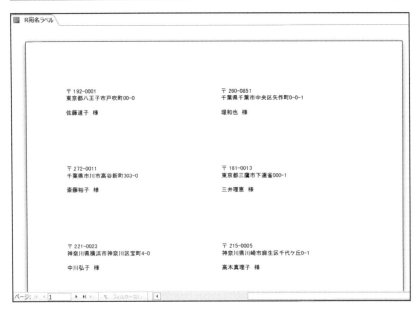

8. 次のように、レポートを編集しましょう。

コントロール	フォントサイズ	配置
顧客名	12pt	中央揃え

9. 印刷プレビューで確認し、[R宛名ラベル] レポートを上書き保存して、データベース「得意先」を閉じましょう。

索引

英字

Access 2019の拡張子	35
Accessで作成したテーブルのインポート	70
Accessの起動	6
Accessの終了	30
Accessのスタート画面	7
AND条件	84, 111
～でのデータの抽出	114
Between～And～演算子	117
Date関数	157
Excelで作成したデータのインポート	65
Like演算子	116
Microsoftアカウント	7
Null値	46
OR条件	84, 111
～でのデータの抽出	111
Trim関数	200
Yes/No型の抽出条件	109

あ行

アプリケーションパーツを使用したテーブルの作成方法	38
宛名ラベルウィザード	195
インポート	64
Accessで作成したテーブルの～	70
Excelで作成したデータの～	65
新規テーブルへのデータの～	69
インポート操作の保存	68
エクスポート	65
テーブルのデータのExcelワークシートへの～	73
エラーインジケーター	192
演算フィールド	128, 133
オートフィルター	78, 79
オブジェクト	12, 14

か行

[既定値] プロパティ	155, 156

さ行（右列）

キーボードを使用したコントロールの移動	153
クエリ	19, 96
デザインビューでの～の作成	98, 99
～でのテーブルの結合	129
～の実行	97
～の種類	97
複数のテーブルからの～の作成方法	127
結合線	87, 90
コントロール	146
キーボードを使用した～の移動	153
～の移動	150, 187
～のグループ化と解除	154
～のサイズの変更	151, 187
～の種類の変更	163, 169
～の入力順の変更	170
～のプロパティ	154
フォームの～の種類	147
複数の～の選択	150
コンボボックス	163, 164
コンボボックスウィザード	165

さ行

住所入力支援ウィザード	49
主キー	54
手動での～の設定	55
～の確認	55
[詳細] セクション	146
新規テーブルへのデータのインポート	69
ズーム機能	120
セキュリティの警告	8
選択クエリウィザード	99
選択フィルター	79, 81

た行

ダイナセット	96
タブオーダー	170
[タブストップ] プロパティ	170, 173
単一条件での抽出	108

索引 **221**

定型入力に関する注意事項 …………………… 51
［定型入力］プロパティ ……………………… 52
デザイングリッド ……………………………… 98
　〜からのフィールドの削除 ……………… 101
　〜のフィールドの表示順と移動 ………… 103
　〜へのフィールドの挿入 ………………… 101
　〜へのフィールドの追加方法 …………… 98
デザインビューでのクエリの作成 ……… 98, 99
データ
　AND条件での〜の抽出 …………………… 114
　Excelで作成した〜のインポート ………… 65
　OR条件での〜の抽出 ……………………… 111
　一定の範囲を設定した〜の抽出 ………… 118
　新規テーブルへの〜のインポート ……… 69
　テーブルの〜のExcelワークシートへのエクスポート … 73
　〜の抽出条件 ……………………………… 107
　〜の並べ替え ……………………………… 104
　〜の入力と保存 …………………………… 57
　〜の編集 …………………………………… 59
　フォームを使用した〜の入力 …………… 159
　ワイルドカードを使用した〜の抽出 …… 116
データ型 ………………………………… 40, 42
データシートのフォントやフォントサイズの変更 ……… 63
データシートの列幅の自動調整 …………… 62
データベース
　〜の概要 …………………………………… 2
　〜の新規作成 ……………………………… 34
　〜を閉じる ………………………………… 30
　〜を開く方法 ……………………………… 8
データベース設計 ……………………………… 4
テーブル ……………………………………… 16
　Accessで作成した〜のインポート ……… 70
　アプリケーションパーツを使用した〜の作成方法 …… 38
　〜間の自動結合 …………………………… 128
　クエリでの〜の結合 ……………………… 129
　テンプレートを使用した〜の作成 ……… 37
　〜の結合 …………………………………… 127
　〜の作成 …………………………………… 38
　〜のデザインビュー ………………… 18, 40
　〜のデータシートビュー ………………… 56

　〜のデータのExcelワークシートへのエクスポート … 73
　複数の〜からのクエリの作成方法 ……… 127
テーブルプロパティ …………………………… 54
テーブル変更の保存メッセージ …………… 83
テンプレートを使用したデータベースの作成 ……… 37
ドキュメントタブ ……………………………… 29

な行

ナビゲーションウィンドウ …………………… 12

は行

パラメータークエリ ………………………… 122
　一定の範囲を指定する〜 ………………… 126
　〜の再実行 ………………………………… 126
ハンドル ……………………………………… 149
比較演算子を使用した条件の設定 ………… 121
表示選択ショートカットのビューの切り替えボタン … 142
［ファイル］タブ ……………………………… 12
フォームツール …………………………… 138, 140
　単票形式 …………………………………… 139
　〜で作成したフォームの保存 …………… 142
　表形式 ……………………………………… 139
フィールド ……………………………… 16, 56
　デザイングリッドからの〜の削除 ……… 101
　デザイングリッドの〜の表示順と移動 … 103
　デザイングリッドへの〜の挿入 ………… 101
　デザイングリッドへの〜の追加方法 …… 98
　〜の間の移動 ……………………………… 56
　〜の追加 …………………………………… 45
　〜の列幅の変更 …………………………… 57
　フォームでの〜の追加 …………………… 148
　複数〜への並べ替えの設定 ……………… 106
フィールドサイズの変更 ……………………… 47
フィールドセレクター ………………………… 98
フィールドプロパティ …………………… 16, 40, 46
フィールド名 …………………………… 16, 40, 41
フィールドリスト ……………………………… 98
　〜での複数フィールドの選択 …………… 103

〜の移動 ……………………………………… 89	〜の入力の取り消し …………………………… 61
フォーム ………………………………………… 22	レコードセレクター ………………………… 56, 159
〜でのフィールドの追加 …………………… 147	レポート ………………………………………… 25
〜のコントロールの種類 …………………… 147	〜の印刷形式 ………………………………… 181
〜のデザインビュー ………………………… 146	〜の印刷プレビュー …………………………… 28
フォームツールで作成した〜の保存 ……… 142	〜の拡大／縮小表示 …………………………… 28
複数のコントロールの選択 ………………… 150	〜の作成 ……………………………………… 178
〜を使用したデータの入力 ………………… 159	〜のセクション ……………………………… 186
フォームウィザード ……………………… 138, 143	〜のデザインビュー ………………………… 186
フォームセレクター ………………………… 157	〜の幅の変更 ………………………………… 190
フォーム全体のプロパティ ………………… 157	フォントサイズと配置の変更 ……………… 200
［フォームヘッダー］セクション ………… 146	レポートウィザード ……………………… 178, 181
〜のタイトルの編集 ………………………… 158	レポートセレクター ……………………… 186, 191
フォームフィルター …………………………… 83	レポートツール …………………………… 178, 179
複数のテーブルからのクエリの作成方法 … 127	レポートヘッダーのタイトルの編集 ……… 192
複数フィールドへの並べ替えの設定 ……… 106	
部分一致の検索 ………………………………… 83	

わ行

ふりがなウィザード …………………………… 48	ワイルドカード ……………………………… 115
プロパティシート …………………………… 154	〜を使用したデータの抽出 ………………… 116
プロパティの並べ替え ……………………… 155	

ま行

メッセージバー ………………………………… 8	
〜の無効 ………………………………………… 11	

ら行

ラベル …………………………………… 146, 150	
〜の移動 ……………………………………… 152	
［ラベル名］プロパティ …………………… 155	
リストボックス ……………………………… 163	
リレーショナルデータベース（RDB） ……… 5	
リレーショナルデータベース管理システム（RDBMS） …… 3	
リレーションシップ …………………………… 87	
〜の作成 ………………………………………… 88	
〜の作成の条件 ………………………………… 87	
リンク …………………………………………… 77	
レコード ………………………………… 16, 56	
〜の削除 ………………………………………… 61	

■ 本書は著作権法上の保護を受けています。
　本書の一部あるいは全部について（ソフトウェアおよびプログラムを含む）、日経BPから文書による許諾を得ずに、いかなる方法においても無断で複写、複製することを禁じます。購入者以外の第三者による電子データ化および電子書籍化は、私的使用を含め一切認められておりません。
　無断複製、転載は損害賠償、著作権法の罰則の対象になることがあります。

■ 本書についての最新情報、訂正、重要なお知らせについては下記Web ページを開き、書名もしくはISBNで検索してください。

　　　https://project.nikkeibp.co.jp/bnt/

■ 本書に掲載した内容についてのお問い合わせは、下記Web ページのお問い合わせフォームからお送りください。電話およびファクシミリによるご質問には一切応じておりません。なお、本書の範囲を超えるご質問にはお答えできませんので、あらかじめご了承ください。ご質問の内容によっては、回答に日数を要する場合があります。

　　　https://nkbp.jp/booksQA

Access 2019 基礎 セミナーテキスト

2019年　6月24日　初版第1刷発行
2022年　3月　2日　初版第2刷発行

著　　　者：日経BP
発　行　者：村上 広樹
発　　　行：日経BP
　　　　　　〒105-8308　東京都港区虎ノ門4-3-12
発　　　売：日経BPマーケティング
　　　　　　〒105-8308　東京都港区虎ノ門4-3-12
装　　　丁：折原カズヒロ
制　　　作：クニメディア株式会社、持田 美保
印　　　刷：大日本印刷株式会社

・本書に記載している会社名および製品名は、各社の商標または登録商標です。なお、本文中に™、®マークは明記しておりません。
・本書の例題または画面で使用している会社名、氏名、他のデータは、一部を除いてすべて架空のものです。

©2019 Nikkei Business Publications, Inc.

ISBN978-4-8222-8613-2　Printed in Japan